INVESTMENT IN REAL ESTATE

賺大錢靠土地

危老重建及都市更新商機大解密！
簡單三公式讓您快速破解土地價格！

逢甲大學建設學院　助理教授
中華民國不動產經營管理協會　理事長
創世紀不動產教育訓練中心　創辦人

林宏澔 教授——著

「學習」改變命運

2008 年美國金融海嘯時，筆者創立了「創世紀不動產教育訓練中心」，專門推廣正確的不動產投資知識，並聘請了上百位實務經驗豐富的老師，包含了律師、建築師、會計師、地政士以及業界董座，教授一系列不動產土地投資、仲介代銷、營造、建築設計等多項課程，幫助了無數的學員，增進不動產的技能。

「食衣住行」是人類的基本需求，如何住得好、住得安心，也是大家必須了解的事情。初版甫上市即銷售一空，緊急再刷暢銷增訂版的內容增加了危老屋的商機，如何讓老舊的房屋重建，使大家住得更安全、生活得更快樂，也是此次新增內容的動機。

本書並非在教大家如何「投機」房地產，而是教大家如何「投資」不動產，投機與投資的差別在於：投機是短時間買賣不動產，利用買低賣高來賺取差價；而投資則是長時間擁有這筆資產，並且獲得合理的報酬。值此政府於 110 年 7 月 1 日實施「房地合一稅 2.0」之際，所謂的長時間，以此法令而言，為五年以上持有不動產才課較輕的稅負，所以未來要在短期間「投機」不動產獲利的機會，也將越來越少。

在 2016 年，筆者結合產官學界的朋友，成立了「台北市建築經營管理協會」，作為學員互動聯誼的平台。2020 年，由於中南部的學員增多，學員反應也需要成立互動平台，故在這年成立了「中華民國不動產經營管理協會」，並且成立台中總會、雲嘉分會、台南分會以及高雄分會，成為了全國唯一可以在地學習但是又能與全台學員互動交流的平台，豐富了每個學員的生命，創造大家美好的回憶，更有許多學員改變了命運，找到了好的投資標的、好的事業夥伴，實現了自己的夢想！

希望藉由本書幫助一般投資大眾及建築業、房仲業、地政士等不動產相關同業，建立起土地的專業技能，並由此技能獲得合理的報酬，改變生活品質，並進一步有能力回饋幫助社會中的弱勢團體，使台灣這片土地能夠更美好、更和諧、更快樂。

目錄

 基礎概論篇

第2篇　產權調查、勘查土地篇

目錄

都市更新篇

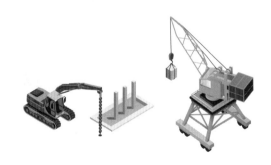

第4篇　合建、農地與共有土地篇

目錄

第5篇 **利潤分析篇**

第6篇　都市危老商機篇

Appendix　附　錄

第 *1* 篇

基礎概論篇

Q01：只要 3 個公式就能馬上算出土地價值？

Q02：土地下挖到的黃金是土地所有權人的？

Q03：有土地就一定能蓋房子嗎？

Q04：地目藏陷阱，沒看到就等著住套房？

Q05：使用分區是住宅區，卻有可能無法蓋大樓？

Q06：《國土計畫法》跟我有什麼關係？

Q07：建蔽率及容積率，越大就越好嗎？

Q08：如何判斷是都市土地還是非都市土地？

Q09：土地投資 SOP 九部曲，有哪些流程要注意？

有土斯有財，是中國人一向信奉的觀念，

因此買房買地，從事土地買賣，始終是國人熱衷的一環。

然而，如果你以為自己不買地，

土地買賣等交易都與你無關，那你就錯了！

只要你想買房、老家房子想重建或都更，

甚至房子被劃為古蹟或是歷史建物，

就一定會牽涉到與土地相關的問題。

土地與房價，兩者息息相關！

不管你是否從事土地投資，

所有與土地相關的知識，你一定要知道！

本篇將告訴你，

如何十秒鐘計算出土地價值，

土地買賣可能隱藏哪些陷阱，

以及你可以上哪裡查詢土地相關資料，維護自身權益！

Q 01 只要 3 個公式就能馬上算出 土地價值？

投資土地的目的，就是為了獲利。如何計算土地的價值、是否值得投資，其實非常簡單，這邊提供三個簡單的公式，就可以快速進行土地的初步估算。

🏠 三個公式見真章

　　假設現在有一塊 200 坪的地，容積率為 300%，建蔽率為 50%，土地售價一坪 130 萬元，房屋一坪市價 55 萬，興建成本預估 15 萬，現在我們就來算看看這塊土地值不值得投資。

　　公式一：計算土地的坪效

　　容積率 300%×1.7 = 510%

　　公式二：計算興建房屋中土地的成本

　　130 萬÷510% = 25.5（萬／坪）

　　公式三：預估銷售的合理房價

　　（25.5 萬＋營造成本 15 萬）×1.35 = 54.6 萬

　　∴房屋市價 55 萬，高於公式三的 54.6 萬，有獲利空間，故可以投資！

　　靠這 3 個公式可以幫我們分析這塊土地值不值得投資，現在就來說明這 3 個公式，以後就能利用現有的資訊做出分析，當然這僅作為初步的評估，如果評估結果是可以投資的，就可以往下進行。

公式一：計算土地的坪效

　　首先計算土地的坪效，容積率乘上 1.7 的原因，是因為蓋房子有陽台、有雨遮、有屋突，還有地下室、機車停車位、機房、梯廳等等，這些都不計入容積，稱為虛坪係數，也就是說，你的使用容積還要再計入這些公設的部分，才算是你實際興建的總容積。這個係數通常介於 1.5 至 2 之間，容積率越大，係數就更趨近於 2，容積率越小，係數就趨於 1.5。這裡是取中間值。

　　容積率乘於 1.7 得到的數值，就是指實際可以做的容積，也就是這塊土地最大的坪效。

公式二：計算興建房屋中土地的成本

　　蓋房子有兩個成本，一個是興建房子的成本（營造成本），一個是買土地的成本（土地成本），敘述中已經提到興建成本為 15 萬，接下來就要來計算土地成本，土地一坪售價 130 萬，從公式一算出最大坪效為 510%，也就是土地 1 坪最多可以蓋 5.1 坪的房子，所以房子每坪中的土地成本為 130 萬 ÷510% ＝ 25.5 萬。

公式三：預估銷售的合理房價

興建成本 1 坪為 15 萬，又從公式二得出土地成本 1 坪為 25.5 萬，將這兩個成本相加後再乘於 1.35。1.35 是合理的評估係數（包含 20% 合理利潤與 15% 其他費用），一定要有獲利才會有投資的動力，20% 為建商合理的利潤，剩下的 15% 則來自建案該有的設計費、推出後的廣告銷售費、土地增值稅，及借款利息等等，這些費用也必須計入成本中。所以算出的數值為 54.6 萬，代表房子 1 坪至少要賣 54.6 萬，才有獲利空間。現在房子 1 坪市價為 55 萬，而你的合理售價為 54.6 萬，市價高於合理售價，表示這塊地是可以投資的。

那再來看看，如果其他條件不變，容積率改為 200%，那這塊地還有沒有合理的獲利空間呢？

公式一：計算土地的坪效
容積率 200%×1.6 ＝ 320%
公式二：計算興建房屋中土地的成本
130 萬 ÷320% ＝ 40.63（萬／坪）
公式三：預估銷售的合理房價
（40.63 萬＋營造成本 15 萬）×1.35 ＝ 75.1 萬
∴房屋市價55 萬，低於合理房價75.1 萬，故不能投資！

因為容積率只有 200%，這時候虛坪係數就要往下修正為 1.6，相乘後可以得到最大的土地坪效為 320%，也就是 1 坪土地

可以蓋 3.2 坪的房子，房子每坪的土地成本即為 130 萬 ÷3.2 坪
＝ 40.63 萬。土地成本與興建成本相加後，再乘與 1.35 的合理
利潤係數，得出房子 1 坪至少要賣 75.1 萬才有合理利潤，但市
價只有 55 萬，所以這塊土地不能投資。

簡單的 3 個公式就能馬上算出這塊地的合理售價，就可以
知道這塊地適不適合投資了，是不是覺得土地投資也是一門有
趣的學問呢？

Q02 土地下挖到的黃金是土地所有權人的？

如果你在自家地下挖出金礦銀脈，你有想過，這些黃金礦石有可能不是你的嗎？這個問題其實反映了一些跟土地有關的重要觀念，在從事土地投資前，你需要花些時間來了解土地的使用範圍與限制。

💲 自家土地下方挖到黃金，一定是你的？

《土地法》第 1 條規定：「本法所稱土地，謂水陸及天然富源。」其中天然富源，包括天然的礦物。

又《民法》第 773 條規定：「土地所有權，除法令有限制外，於其行使有利益之範圍內，及於土地之上下。如他人之干涉，無礙其所有權之行使者，不得排除之。」

意思就是，如果是你的地，那這塊地的地上和地下資源都是你的，你可以自由使用。但若是「天然富源」，就不在此列。

根據《礦業法》第 2 條規定：「中華民國領域、專屬經濟海域及大陸礁層內之礦，均為國有，非依本法取得礦業權，不得探礦及採礦。」第 3 條則指出，《礦業法》所指的礦物多達六十餘種，都是貴金屬或稀有的有價石頭，這些資源都屬於國家所有，不能隨意侵占。因此挖到礦的話，不要太高興，先看

看你挖到的，跟下面所列有沒有重疊，沒有重疊的話，那就要恭喜你囉：

金礦、銀礦、銅礦、鐵礦、錫礦、鉛礦、銻礦、鎳礦、鈷礦、鋅礦、鋁礦、汞礦、鉍礦、鉬礦、鉑礦、銥礦、鉻礦、鈾礦、鐳礦、鎢礦、錳礦、釩礦、鉀礦、釷礦、鋯礦、鈦礦、鍶礦、硫磺礦及硫化鐵、磷礦、砒礦、水晶、石棉、雲母、石膏、鹽礦、明礬石、金剛石、天然鹼、重晶石、鈉硝石、芒硝、硼砂、石墨、綠柱石、螢石、火粘土、滑石、長石、瓷土、大理石及方解石、鎂礦及白雲石、煤炭、石油及油頁岩、天然氣、寶石及玉、琢磨沙、顏料石、石灰石、蛇紋石、矽砂、其他經行政院指定之礦。

$ 在自家土地上興建房屋，有何限制？

根據《建築技術規則》第23條規定：「按照本條興建的建物，在冬至日所造成的日照陰影，有一小時的有效日照。」

人人都有享受陽光的自由，所以你要怎麼蓋房子是你家的事，前提就是不能妨礙他人曬太陽、享受日照的權利。因此，專業的建築師在設計時，就會先把日照因素給考量進去，再送案給主管機關審核，故即便在自家土地上蓋房子，也不能影響鄰房的日照權。

Q 03　有土地就一定能蓋房子嗎？

很多人常常掉入土地投資的陷阱裡，最悲慘的莫過於你明明買在住宅區，卻發生有土地卻不能蓋房子，甚至還可能眼睜睜看著自己的土地面臨被徵收的命運。而這種案例，發生的機率還真不少。

這裡，就要教各位如何「看」地，避免踩到地雷。「看」地的第一步，就是查看地籍圖，才能避免誤入陷阱。而在說明陷阱前，你必須先了解土地權屬以及土地的使用性質，還有最關鍵的、也是最能看出陷阱的「使用分區」概念。

$ 不想掉入陷阱，你一定要知道的重要觀念

公有土地還是私有土地要先搞清楚

根據《土地法》第4條規定：「本法所稱公有土地，為國有土地、直轄市有土地、縣（市）有土地或鄉（鎮、市）有之土地。」第10條：「中華民國領域內之土地，屬於中華民國人民全體，其經人民依法取得所有權者，為私有土地。私有土地之所有權消滅者，為國有土地。」

土地主要分為公有土地與私有土地兩種。像國防部土地或

教育部土地，就叫公有土地，但你們知道它們隸屬於誰嗎？一般來說，公有土地各屬不同的管轄機構，如財政部國有財產署管理國有土地、台北市政府財政局管理台北市有土地、縣市政府財政局管理縣市有土地等。但並非在縣市政府管轄範圍內的土地，就是該縣市政府的用地，舉例來說，台北市長掌管台北市，但位於仁愛路上的空軍總部卻是國防部的土地；軍宅用地也是列屬國防部，這些地雖然位於台北市，卻不屬於台北市政府所有。

再拿我們常討論的松山機場為例，松山機場搬遷與否一直備受矚目與爭議，因為地處台北市，但其實松山機場隸屬交通部，因此其用地規劃的權責掌握在交通部手上，而非台北市政府。

至於私有土地，簡單來說就是歸民間個人、企業或團體所有的土地，不屬公有地的土地，就是私有土地。

使用分區很重要

《土地法》第 2 條有提到，土地依其使用性質有「建築用地、直接生產用地、交通水利用地、其他用地」共四大類，而這四類土地又細分成 21 項「地目」，分別為「建、雜、祀、鐵、公、墓、田、旱、林、養、牧、礦、鹽、池、線、道、水、溜、溝、堤、原」。這些地目分類是從日據時代留下來的，年代已久，加上現在已改成使用分區的形式，即便土地謄本上仍有標示地目的欄位，但已逐漸廢而不用，單純作為歷史沿革的參考罷了。

使用性質即土地的使用方式：

建築用地——住宅、機關、工廠等。

直接生產用地——農地、林地、池塘、漁地等。

交通水利用地——道路、溝渠、港灣、海岸等。

其他用地——堤防、荒蕪地等。

至於什麼是「使用分區」？為了確保都市發展，在都市計畫裡劃定分配給住宅、商業、工業等使用的區域，就叫做「使用分區」，以後會常常提到這個概念，也是買地投資最重要的關鍵。

地目正式邁入歷史

地目，即四類土地下再依土地使用類別所細分的小項目，共有「建、雜、祀、鐵、公、墓、田、旱、林、養、牧、礦、鹽、池、線、道、水、溜、溝、堤、原」，共計21種，由於時代變遷，地目大多廢而不用，從106年1月1日起已經正式被廢除。

下表簡述各地目的使用說明，供各位做個參考。

土地類別	地目	說明
建築用地	建	房屋及附屬之庭院均屬之。
	雜	自來水用地、運動場、紀念碑、練兵場、射擊場、飛機場、砲台等用地、及其他不屬於各地目之土地均屬之。
	祀	祠庵、寺院、佛堂、神社、教務所及說教所等均屬之。但兼用住宅者不在此限。

	鐵	車站、車庫、貨物庫等及在車站內之站長、車長之宿舍均屬之。
	公	公園用地。
	墓	墳墓用地
直接生產用地	田	水田用地。
	旱	旱田用地。
	林	林地、林山均屬之。
	養	魚池。
	牧	畜牧地。
	礦	礦泉地、但限於湧泉口及其維持上必要之區域。
	鹽	製鹽用地。
	池	池塘。
交通水利用地	道	公路、街道、街巷、村道、小徑等公用或共用之輕便鐵道線路均屬之。
	線	鐵道路線用地。
	水	埤圳用地。
	溜	灌溉用之塘湖、沼澤。
	溝	一切溝渠及運河屬之。
其他用地	堤	堤防用地。
	原	荒蕪未經利用及已墾復荒之土地均屬之。

Q04 地目藏陷阱，沒看到就等著住套房？

能不能蓋房子，「原則上」要看使用分區，而非地目，地目雖然已經廢除，但仍具參考價值。比方說，如果謄本上出現「道、水、溜」這三種地目的話，那可就要特別注意了。

🏠 道地目所隱藏的陷阱

地目是「道、水、溜」，為何事態會嚴重？道就是供人行走通行的道路，又分為既成巷道、計畫道路與私設道路三種，私設道路通常是社區內供社區居民通行的自行留設道路，不在我們的討論範疇內，在此僅就既成巷道與計畫道路進行分析。

既成巷道與計畫道路

既成巷道，就是現有巷道，是具有公用地役權的私有土地，供至少兩戶以上的人家通行的道路，且須長達 20 年以上。計畫道路，在都市計畫圖與地籍圖上都有標示，是都市計畫公告的道路。也就是說，既成巷道也好，計畫道路也好，都是供人通行的通路，你買的基地上不巧有條既成巷道，那你這塊地可能就無法完全拿來蓋房子。

　　想知道你買的基地裡有沒有「道」的存在，除了剛提到的調閱地籍圖與都市計畫圖外，也可向當地的都發局或城鄉發展局查詢。但無論如何，買地之前，務必要到現場去勘查，千萬不能存著僥倖的心態，只憑著地籍圖上面的記載。比如說，你想判定買到的土地是否有既成巷道，只要去現場看了就知道，如果現場已經是開放人車通行，而且後面有住宅，那就是既成巷道無誤，不用懷疑。

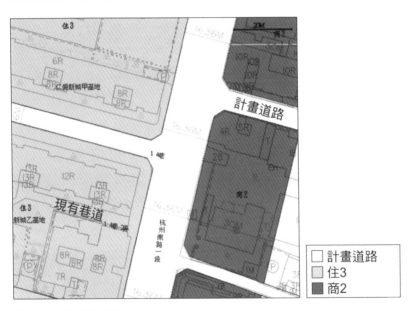

圖 1-1　都市計畫圖

　　地籍圖可以上「台北市地理資訊 e 點通」網站查詢，點擊進入後，就能看到以下畫面：

圖 1-2　台北市地理資訊 e 點通進入畫面

　　進入後，點擊畫面左欄「基本圖層」，會出現下拉選單，再把「地籍圖」從「Off」點成「On」，即出現以下畫面：

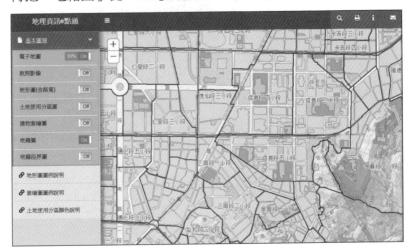

圖 1-3　台北市地理資訊 e 點通「地籍圖」畫面

　　接著，點擊右上方的「定位」符號，叫出查詢方式，在查詢方式中選擇「地段地號」，然後在下方輸入要查詢的地段地號，完成後再按「搜尋」，即出現以下畫面。

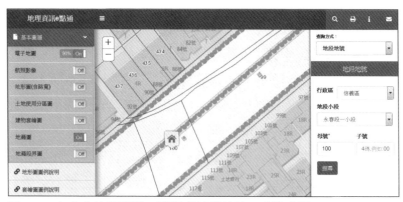

圖 1-4　台北市地理資訊 e 點通「地段地號」查詢畫面

　　畫面上可用滾輪調整大小，往上為放大，往下為縮小。另外，也可用滑鼠長按畫面進行移動。最後，滑鼠點擊畫面任一處，即出現該處之建照號碼、使照號碼之資訊，如下圖所示。

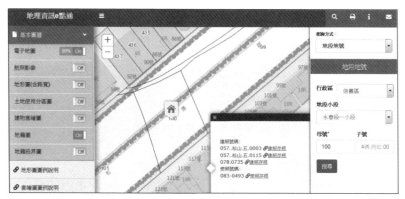

圖 1-5　台北市地理資訊 e 點通點擊處建號與使照資訊

如果不幸買到了「道」，那該怎麼解套呢？

狀況一：買到既成巷道

來我們訓練中心上課的一位學員，本身是某家企業的總經理，他分析了一塊土地後，發現這塊土地的投資報酬率很高，於是很興奮地出手買下。我身邊很多「學員」就是這樣，常常因為誤信介紹而出手買地，或看到有些人因為買對地而大賺一筆，便跟著一股腦兒地衝動進場，盲從跟著瞎買，殊不知就此落入悲慘的圈套中。

為避免悲劇發生，第一步就是「調閱地籍圖」。如果你在地籍圖上看到長得「很像」道路的圖，那麼這個「地方」極有可能就是既成巷道，要是你去買這塊土地，等於買了一塊不能蓋房子的土地，一點價值都沒有，原本賺錢的美夢就此泡湯不說，想脫手可能還脫不掉。

最容易掉入的陷阱是怕調出來的使用分區證明上標示為住宅區，事實上整筆土地都是既成巷道，而你誤以為是住宅區而買下的話，那就等著被套牢，沒有轉圜的餘地。所以買地前，務必一定要親自到現場走一趟，眼見為實，才能把買錯土地的風險降到最低。

狀況二：買到的基地裡有既成巷道

另一種情況是，你買到的基地裡面，有一條既成巷道。

假設你買了一塊1,000坪的基地，其中有100坪是既成巷道，那麼你有兩種解決辦法：

　　第一種方法就是「廢道」。如果這條路很久沒有人使用，就可以向相關單位提出申請，將其廢掉。第二種方法則是「改道」。譬如把原本橫在基地中間的道路改移到角落、四周或邊緣處，既留一條路供人通行，你的基地也不會被拆散分開，設計上更有自由度。道路移至他處後，原來位置的容積仍然可以包含進來，你的權益不會受到影響！

　　但如果這兩種辦法都行不通，偏偏這塊基地裡面就是有一條既成道路，那該怎麼辦？那只好請建築師設計左右兩棟建築物，然後做一個空橋將兩棟建築物連接起來。

Q05 使用分區是住宅區，卻有可能無法蓋大樓？

如果你仔細確認過地籍圖，又親自到現場勘查，確定買的土地上沒有既成巷道，而且還是住宅區，地目是「建」，你以為這樣就一切穩妥那你又錯了。這裡還有一個隱藏的陷阱，使你就算買到身分「無瑕」的土地，也不見得能夠蓋大樓。

⑤ 使用分區要看仔細，小心駛得萬年船

這個陷阱非常小，幾乎讓人很容易忽略它的存在，就是使用分區上的「備註」。

情況是這樣的，倘若在使用分區裡提到這塊土地被列為某個計畫，然後在使用分區上有一個很小很小的備註，表示「某個部分還須要細部計畫才能核定」，甚至標註「萬一被徵收不得有異議」，如果這些小字你沒有看清楚，就輕易將地買下，未來說不定就會面臨土地被徵收的命運。

所以，去看這種地要特別注意，你看那一整片的地是住宅區沒有錯，調謄本出來看是住宅區也沒有錯，但因為細部計畫未定，現在道路還沒有分出來，如果你沒有留意就買了，那就叫做「買到不能蓋的建地」！在新北市中和區，就有很多這種

情況的土地，一定要非常留意。

如果要查台北市的都市計畫書，可以上都市發展局的「台北市都市計畫整合查詢系統」調閱，進入後按需求填寫地段地號或地標進階查詢（如圖 1-6），裡面有該區域的歷年都市計畫書圖、細部計畫，皆可查詢。

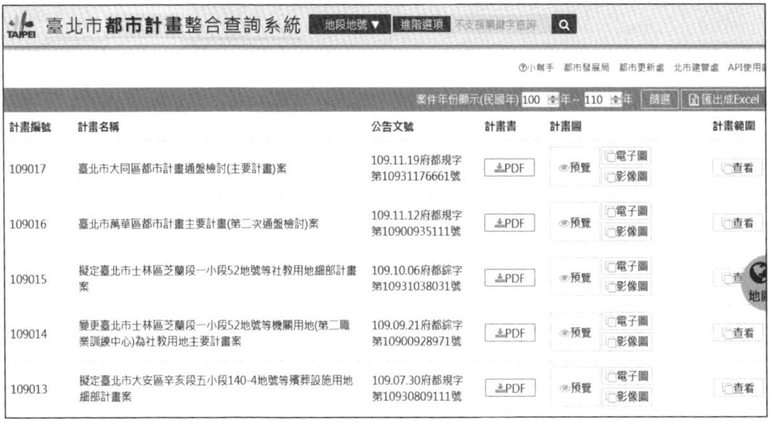

計畫編號	計畫名稱	公告文號	計畫書	計畫圖		計畫範圍
109017	臺北市大同區都市計畫通盤檢討(主要計畫)案	109.11.19府都規字第10931176661號	PDF	預覽	電子圖 影像圖	查看
109016	臺北市萬華區都市計畫主要計畫(第二次通盤檢討)案	109.11.12府都規字第10900935111號	PDF	預覽	電子圖 影像圖	查看
109015	擬定臺北市士林區芝蘭段一小段52地號等社教用地細部計畫案	109.10.06府都綜字第10931038031號	PDF	預覽	電子圖 影像圖	查
109014	變更臺北市士林區芝蘭段一小段52地號等機關用地(第二職業訓練中心)為社教用地主要計畫案	109.09.21府都綜字第10900928971號	PDF	預覽	電子圖 影像圖	查看
109013	擬定臺北市大安區辛亥段五小段140-4地號等殯葬設施用地細部計畫案	109.07.30府都規字第10930809111號	PDF	預覽	電子圖 影像圖	查看

圖 1-6　台北市都市計畫整合查詢系統

最後，我再分享另一種情況，假設你在新竹買了一塊丙建地，1 坪 3 萬元，一經細算，暴利高達 50%，你心裡一盤算覺得不買必定會後悔，其實這也可能有問題，因為你極有可能買到的是老丙建的土地。除丙建地外，還有一種土地叫做老丙建，就是在《山坡地開發建築管理辦法》公布實施之前所興建的住宅社區，受到的規範比較不嚴謹，因此稱為老丙建，必須再做一次環境影響評估才能開發。

丙建地可以蓋，但是老丙建須要重新評估才能再開發，要

判斷這塊地是丙建地還是老丙建，原則上就要看基地四周道路是否有開通。如果基地現場道路已開通，屬於丙建地，問題較少，可以開發。反之，如果現場道路未開闢，則屬於老丙建，須要通過環評才能開發。總而言之，買地之前，所有的眉角都必須謹慎留意！

Q06 《國土計畫法》跟我有什麼關係？

1 04 年 12 月 18 日通過的《國土計畫法》（簡稱《國土法》），預計 111 年正式上路，現階段只有母法，預估這 6 年的期間將完成全面的全國與各縣市之國土計畫及執行細節的子法。

為何要提到《國土法》？對於想要從事土地投資的人來說，《國土法》一旦開始實施，又會造成什麼影響？現在就來為大家介紹。

現行土地使用管轄體系

區域計畫即將邁入歷史

以往，北中南東四區有各自的區域發展計畫，而無直轄市、縣（市）的區域計畫，現在則將四區的區域計畫整合成一個全國性的區域計畫，並新增直轄市、縣（市）的區域計畫，現階段行使的區域計畫即將廢止，未來將朝向全國性的國土計畫前進。

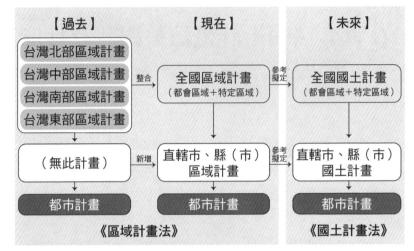

圖 1-7　區域計畫過渡至國土計畫的沿革

台灣現行土地管轄三大法源

　　現行的區域計畫體系主要分為都市土地、非都市土地與國家公園用地三種，分別受到《都市計畫法》、《區域計畫法》與《國家公園法》所管轄。目前台灣只有《區域計畫法》，缺乏完善的國土計畫，等到民國 111 年《國土法》正式上路之後，區域計畫將會廢止。我們要先知道現行的《區域計畫法》是怎樣的一個概念，才能理解國土計畫實施的必要性。本書宗旨在教大家如何投資土地，因此將著重在都市土地與非都市土地上，而國家公園土地非我們要探討的範疇，且所占面積不大，因此不再多加著墨。

表 1-1　台灣現行土地使用管制體系

類別 （法源）	國家公園土地 《國家公園法》	非都市土地 《區域計畫法》	都市土地 《都市計畫法》
面積 （平方公里）	陸域：3,158 海域：4,386 （10 座國家公園）	28,112 （都市計畫及國家公園範圍外之土地）	4,759 （438 處都市計畫）
陸域面積	8.7%	78.1%	13.2%

資料來源：內政部營建署

都市計畫體系

都市計畫體系，是我國三大主要土地使用管制系統之一：圖 1-8 是大致的架構，實際的分區與對應的土地利用與建築管制均可依據個別計畫需要與地方實際情況在一定範圍內進行調整，或者對使用條件、管理維護事項等其他內容做必要規定。

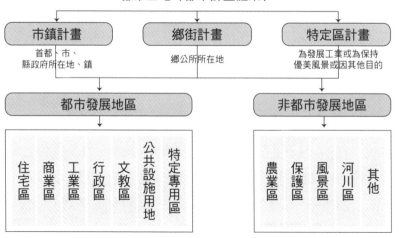

圖 1-8　都市計畫的架構

區域計畫體系

　　區域計畫體系依《區域計畫法》及其法規命令《非都市土地使用管制規則》，將都市計畫與國家公園計畫以外的所有土地，劃分為 11 種使用分區，19 種用地。

非都市土地（區域計畫體系）

11種使用分區

> 特定農業區
> 一般農業區
> 森林區
> 山坡地保育區
> 國家公園區
> 河川區
> 海域區

> 風景區
> 特定專用區

> 工業區
> 鄉村區

102.10.23修正施行─區域計畫法施行細則

| 甲建 | 乙建 | 丙建 | 丁建 | 農牧 | 林業 | 養殖 | 鹽業 | 礦業 | 窯業 | 交通 | 水利 | 遊憩 | 古蹟 | 生態 | 國保 | 殯葬 | 海域 | 特目 |

圖 1-9　區域計畫的架構

資料來源：內政部營建署

　　再來我們要來了解，為何現行的都市計畫與區域計畫兩大系統必須廢除，統一改由國土計畫來取代？

　　近來很常提到永續經營這個概念，國土計畫就是這個概念下的一個產物，國土必須要有系統性、指導性的規劃，以合理利用土地、確保環境與資源的永續，政府才能持久地提供人民

適切的生活空間。

《國土法》實施後，土地不得肆意變更

《國土法》是在全國國土計畫下，以發展各縣市的國土計畫，預計未來將劃分出包括國土保育、農業發展、城鄉發展及海洋資源等四區。

《國土法》裡劃分哪些土地屬國土保育，哪些土地歸為農業發展，哪些區域是城鄉發展，哪些又是海洋資源，劃分出這些類別後，將成為重要指標，未來任何土地的開發都必須按規定行事。

表 1-2 是國土計畫的四種區域，每一區域又劃分成三種等級，農業發展區第 1 類以提供農業生產與其相關設施使用為原則，如果沒有農業發展之必要，第 2、3 類也可檢討劃設為其他功能，如用做城鄉發展。

表 1-2　國土功能的四大劃分

國土保育地區	海洋資源地區	農業發展地區	城鄉發展地區
第 1 類 （敏感程度高）	第 1 類 （具排他性使用）	第 1 類 （優良農地）	第 1 類 （都市化程度較高）
第 2 類 （敏感程度次高）	第 2 類 （具相容性使用）	第 2 類 （一般農地）	第 2 類 （都市化程度次高）
第 3 類 （國家公園）	第 3 類 （其他）	第 3 類 （可釋出農地）	第 3 類 （都市發展儲備用地）

　　在未來，若土地被規劃在農地發展地區的第 1 類優良農地或第 2 類的一般農地內，則該土地一定要做農業使用，不會因經濟發展而被徵收或以市地重劃的方式，轉變為科技園區或大型土地開發案，如新莊副都心或某某重劃區等用途。不像現階段土地開發方式，農地可以經過市地重劃或區段徵收等方式，變更為建地用途。

Q07 建蔽率及容積率，越大就越好嗎？

前面曾提過建蔽率與容積率，究竟有何用處？說容積率是決定土地價值的最重要因素也不為過。現在就來向各位說明建蔽率與容積率的概念與計算方式。

建蔽率及容積率

建蔽率，指的是建築物在基地上的最大投影面積與基地面積的比率，比如 100 坪的基地可以蓋 60 坪，建蔽率就是 60÷100 ＝ 60%。將一樓建築面積除以基地面積，即為建蔽率。若建蔽率為 60%，表示法定上限為 60%，建蔽率可以是 30%、40%、50%，但最多不得超過 60%。

容積率，指得是各樓層的樓地板面積（即為容積）總和除以基地面積再乘以百分比，亦即全部的建築面積除上基地面積，是為容積率。100 坪的基地，若容積率為 300%，表示可以蓋 100×300% ＝ 300 坪的建築面積。

建蔽率及容積率的計算

建蔽率與使用容積的計算是很簡單的數學，現在就來帶各

位實地演練一下：

假設建蔽率為 60%，100 坪的基地，1 樓只能蓋 100×60% ＝ 60 坪，只能少不能多。

假設容積率為 240%，100 坪的土地，全部可以蓋 100×240% ＝ 240 坪的房子。

如果 100 坪的基地，建蔽率為 60%，容積率為 240%，也就是你的一樓建築面積最大為 60 坪，你可以選擇蓋 240÷60 ＝ 4 層樓，剛好用完容積。

當然，也可以因應土地的大小做變化。比如把建蔽率從 60% 變成 30%，本來用完容積最多只能蓋 4 層樓，現在就可以變成 8 層樓。如果建蔽率改成 2%，240 除以 2，可以蓋 120 層樓，台北 101 大樓就是這樣蓋出來的。

總之容積是固定的，就看你想要往上蓋高，還是往左右增胖。

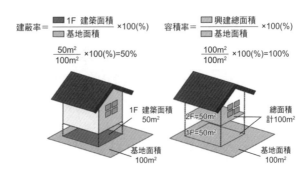

圖 1-10　建蔽率與容積率示意圖

Q*08* 如何判斷是都市土地還是非都市土地？

現在，假設你要去投資一塊地，但你不知道這塊土地究竟是「都市土地」還是「非都市土地」，那我勸你還是不要急著投資為好。你要先知道這塊土地是歸哪個法所管，都市土地就去找《都市計畫法》，非都市土地你就去找《非都市土地使用管制規則》，每個法規定的容積率都不一樣，你要投資，必然少不了要先知道這塊地最多能蓋多少面積，才能估算出最精準的獲利！

調閱謄本來判斷

要判斷一塊土地是都市土地還是非都市土地，若從法律層面來看，界定非常籠統，簡言之，都市計畫內的地區就是都市土地，其餘的都是非都市土地，或國家公園土地。例如台北市一定是都市土地，中和區也是都市土地，有「市」或「區」的都是都市土地，沒有「市」或「區」的就有可能是非都市土地。譬如前往九份的路上有一整片的稻田，那就有可能是非都市土地，但九份到底是「都市土地」還是「非都市土地」？九份是一個城鎮，如果它有城鄉發展計畫，九份就是都市土地，但如果你手邊缺乏任何直接證據，最快的方式就是去調閱謄本。你

可以看使用分區，該欄目有寫什麼甲種建地、乙種建地之類的，就是非都市土地，什麼都沒寫只寫了（空白）兩字的則是都市土地。

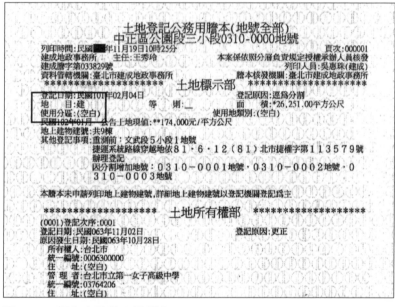

土地登記公務用謄本(地號全部)
中正區公園段三小段0310-0000地號

列印時間:民國■■年11月19日10時25分　　　　　　頁次:000001
建成地政事務所　主任:王秀玲　　　　　本案係依照分層負責規定授權承辦人員核發
建成謄字第033829號　　　　　　　　　　　列印人員:吳惠珠(建成)
資料管轄機關:臺北市建成地政事務所　　　　謄本核發機關:臺北市建成地政事務所
＊＊＊＊＊＊＊＊＊＊＊＊　土地標示部　＊＊＊＊＊＊＊＊＊＊

登記日期:民國101年02月04日　　　　　　登記原因:逕為分割
地　目:建　　　　　等　則:　　面　積:*26,251.00平方公尺
使用分區:(空白)　　　　　　　　　　　使用地類別:(空白)
民國102年01月　公告土地現值:**174,000元/平方公尺
地上建物建號:共9棟
其他登記事項:重測前:文武段5小段1地號
　　　　　捷運系統路線穿越地依81‧6‧12(81)北市捷權字第113579號
　　　　　辦理登記
　　　　　因分割增加地號:0310-0001地號，0310-0002地號，0
　　　　　310-0003地號

本謄本未申請列印地上建物建號,詳細地上建物建號以登記機關登記為主

＊＊＊＊＊＊＊＊＊＊＊＊＊＊＊　土地所有權部　＊＊＊＊＊＊＊＊＊＊＊＊＊＊

(0001)登記次序:0001
登記日期:民國063年11月02日　　　　　　登記原因:更正
原因發生日期:民國063年10月28日
　所有權人:台北市
　統一編號:0006300000
　住　址:(空白)
　管　理　者:台北市立第一女子高級中學
　統一編號:03764206
　住　址:(空白)

圖 1-11　都市土地的土地謄本

🏠 都市土地與非都市土地

以下將分別介紹都市土地與非都市土地的適用法令與土地劃定之使用分區：

表 1-3　都市土地與使用分區類別

適用法令	《都市計畫法》、《都市計畫法台灣省施行細則》
《都市計畫法台灣省施行細則》內之使用分區	1. 住宅區 2. 商業區 3. 工業區 4. 行政區 5. 文教區 6. 風景區 7. 保護區 8. 農業區 9. 保存區 10. 車站專用區 11. 油（氣）站專用區 12. 郵政、電信、變電所專用區 13. 港埠專用區 14. 醫療專用區 15. 露營區 16. 青年活動中心區 17. 出租別墅區 18. 旅館區 19. 鹽田、漁塭區 20. 倉庫區 21. 漁業專用區、農會專用區 22. 再生能源相關設施專用區 23. 其他使用分區
《台北市土地使用分區管制自治條例》內之使用分區	1. 住宅區 　A. 第一種住宅區 　B. 第二種住宅區 　C. 第二之一種住宅區 　D. 第二之二種住宅區 　E. 第三種住宅區

《台北市土地使用分區管制自治條例》內之使用分區	F. 第三之一種住宅區 G. 第三之二種住宅區 H. 第四種住宅區 I. 第四之一種住宅區 2. 商業區 　A. 第一種商業區 　B. 第二種商業區 　C. 第三種商業區 　D. 第四種商業區 3. 工業區 　A. 第二種工業區 　B. 第三種工業區 4. 行政區 5. 文教區 6. 倉庫區 7. 風景區 8. 農業區 9. 保護區 10. 行水區 11. 保存區 12. 特定專用區

台北市使用分區類別

　　從表 1-3 可以知道，住宅區、商業區與工業區之下還劃定了好幾個種別，在《台北市土地使用分區管制自治條例》第 4 條有提到，住宅區由於居住品質與環境的緣故，因此延伸如此多種類的劃分，以下為節錄內容：

1. 第一種住宅區：為維護最高之實質居住環境水準，專供建築獨立或雙併住宅為主，維持最低之人口密度與建築密度，並防止非住宅使用而劃定之住宅區。

2. 第二種住宅區：為維護較高之實質居住環境水準，供設置各式住宅及日常用品零售業或服務業等使用，維持中等之人口密度與建築密度，並防止工業與稍具規模之商業等使用而劃定之住宅區。

3. 第二之一種住宅區、第二之二種住宅區：第二種住宅區內面臨較寬之道路，臨接或面前道路對側有公園、廣場、綠地、河川等，而經由都市計畫程序之劃定，其容積率得酌予提高，並維持原使用管制之地區。

4. 第三種住宅區：為維護中等之實質居住環境水準，供設置各式住宅及一般零售業等使用，維持稍高之人口密度與建築密度，並防止工業與較具規模之商業等使用而劃定之住宅區。

5. 第三之一種住宅區、第三之二種住宅區：第三種住宅區內面臨較寬之道路，臨接或面前道路對側有公園、廣場、綠地、河川等，而經由都市計畫程序之劃定，其容積率得酌予提高，使用管制部分有別於第三種住宅區之地區。

6. 第四種住宅區：為維護基本之實質居住環境水準，供設置各式住宅及公害最輕微之輕工業與一般零售業等使用，並防止一般大規模之工業與商業等使用而劃定之住宅區。

7. 第四之一種住宅區：第四種住宅區內面臨較寬之道路，臨接或面前道路對側有公園、廣場、綠地、河川等，而經由都市計畫程序之劃定，其容積率得酌予提高，使用管制部分有別於第四種住宅區之地區。

8. 第一種商業區：為供住宅區日常生活所需之零售業、服務業

及其有關商業活動之使用而劃定之商業區。

9. 第二種商業區：為供住宅區與地區性之零售業、服務業及其有關商業活動之使用而劃定之商業區。

10. 第三種商業區：為供地區性之零售業、服務業、娛樂業、批發業及其有關商業活動之使用而劃定之商業區。

11. 第四種商業區：為供全市、區域及台灣地區之主要商業、專門性服務業、大規模零售業、專門性零售業、娛樂業及其有關商業活動之使用而劃定之商業區。

住宅區建物之建蔽率與容積率

根據第 4 條的說明，使用分區為住一（住宅區第一種）者，是居住品質最高等級的住宅區域，所以人口密度與建築密度相對最低，這就影響到建蔽率與容積率。相對地，住四（住宅區第四種）就僅以維護基本的居住水準，因此其建蔽率與容積率就比前三種來得大。做土地投資，使用分區絕對不可不查。以下整理了台北市住宅區各種別之建蔽率與容積率供各位參考：

住宅區種別	建蔽率	容積率
第一種	30%	60%
第二種	35%	120%
第三種	45%	225%
第四種	50%	300%

第二之一、二之二、三之一、三之二與四之一種住宅區，建物因面臨的道路有 30 公尺以上，或道路對側有河川，在不妨

礙公共交通、衛生、安全的情況下，容積率可以提高，以下為
住宅區各種別之最高法定容積率：

住宅區種別	建蔽率	容積率
第二之一種	35%	160%
第二之二種	35%	225%
第三之一種	45%	300%
第三之二種	45%	400%
第四之一種	50%	400%

　　非台北市的都市土地其建蔽率及容積率則須查詢該土地的
都市計畫，即可知道。

非都市土地

　　非都市土地，適用的法令為《非都市土地使用管制規則》，
講國土計畫時曾提過，有 11 種使用分區，19 種用地，但我們這
裡只討論甲乙丙丁這四種建築用地，其他如農牧、林業、養殖、
水利等用地與土地投資較無關係，故不在此討論。

表 1-4　非都市土地使用管制規則之建蔽率及容積率規定表

劃分	作用	建蔽率	容積率
甲種建築用地	供農業區建築用	60%	240%
乙種建築用地	供鄉村區建築用	60%	240%
丙種建築用地	供森林區、山坡地保育區、風景區建築用	40%	120%
丁種建築用地	供工廠及工業設施建築使用	70%	300%

表 1-4 為《非都市土地使用管制規則》第 9 條對於非都市土地之建蔽率與容積率之規定，大多數非都市土地均受其規範，但仍有少數非都市土地之甲、乙、丙、丁四種建築用地略有不同。

💲 適用法條也有例外，首先你必須知道「歸誰管」

原則上都市土地與非都市土地適用的法條，都市土地就找都市計畫法施行細則，非都市土地去找《非都市土地使用管制規則》。在《都市計畫法台灣省施行細則》中，就有《都市計畫法高雄市施行細則》，高雄市適用該法及《高雄市建築管理自治條例》。而台北市則適用《台北市土地使用分區管制自治條例》。北市容積規定得很清楚，比如住三容積率是 225%，全台北市的住三容積率都是 225%，但其他縣市則不盡然，比如台中市西屯區的「第三種住宅區」與北屯區的「第三種住宅區」容積率可能就不相同，必須調閱都市計畫書才能確定容積率及其他相關規定。

都市計畫書能幫你了解更細部的規定，例如有什麼限制、規定與獎勵，想做土地投資，首先就要好好調查土地的都市計畫書。

第**1**篇
基礎概論篇

Q 09 土地投資 SOP 九部曲，有哪些流程要注意？

簡單來說，土地投資就是找到一塊值得開發的土地，按法令規章程序，建好房子、公寓、大廈後再以好價格賣出，獲取利潤，由於土地投資的獲利非常驚人，只要選對目標，即便兩三年才成交一個案件，也絕對是投資者們眼中的潛力股。說起來是很簡單，但其實從一開始的土地開發到最後售屋點交，中間的作業流程是非常專業而繁複的，許多環節都須要仰賴他人，比如請建築師來排圖設計、找代銷公司來負責宣傳行銷，或是將工程發包給營造公司等等，雖然我們不必事事躬親，但身為土地投資者的身分，基本的流程還是須要了解。土地從開發到最後售出交屋這一連串的流程可以劃分為九個步驟，在此先簡單介紹，後續會有更進一步的說明！

💲 土地投資流程九部曲

第一步：景氣分析

也就是房市的景氣分析，我們可從「國內外經濟情勢分析」與「房市分析」兩大面向來評估。有關國內外經濟情勢這個部分可上經濟部網站查詢。而房仲業網站上公布的成交訊息也能

成為你分析目前房市景氣的指標。

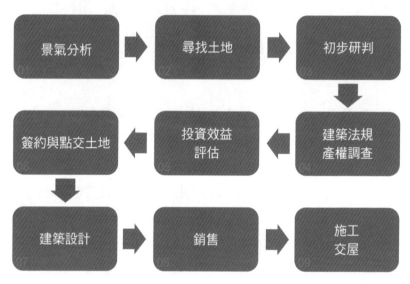

圖 1-12　土地投資流程圖

第二步：尋找土地

　　土地來源包括仲人介紹、自行開發與公開招標三種方式。仲人的對象主要是建設公司，如果建商略過介紹土地的中間人，直接找地主成交，不付仲介費的話，常常會引發糾紛，甚至有黑道介入，透過仲人找土地必須非常小心仲介費的部分。除了自行開發與仲人介紹外，政府也會不定期釋出土地，進行公開招標的動作，這也是土地取得的另一種管道。

第三步：初步研判

　　取得土地資料後，就要先評估這塊土地值不值得投資，那

就要回歸到前面單元提到的調閱都市計畫書圖，了解這塊地的
使用分區、適用哪條法規，再利用三公式進行簡單的初步評估，
判斷出土地價格。

第四步：建築法規與產權調查

　　初步評估後，就要設定產品方向，接著就要請建築師來規
劃平面草圖。產品方向就是產品定位，像是要蓋成套房、獨棟
或是高樓，並確保一切均符合建築法規。如果基地非方正形狀，
或是基地面臨的道路為 4 米巷或 6 米巷等道路太小等問題時，
建築師無法將容積用完的話，這時候你就要重新考慮是否下手
了。至於產權調查，就是要調查這塊土地是否有限制登記，像
是預告登記、查封登記、假扣押或假處分等等，還要確認是否
有地上物、土地現況如何、地上物又該如何處置等問題。

　　在這個步驟中，還有一個地方要調查，就是要請建築師申
請建築線，以降低土地購買的風險，因為土地若無法申請建築
線，表示這塊土地無法建築。

　　建築線就是指基地與都市計畫道路間的境界線，或是現有
巷道的邊界線。

第五步：投資效益評估

　　這是本書的重點，除了速算法外，本書的另一個重點就是
要教大家如何評估建地，評估這塊地可以蓋多少坪、賣多少錢，
也就是投資效益評估，這部分後續會再深入解說。

第六步：簽約及點交土地

　　一切都評估清楚後，就可進行產權過戶流程，一般過戶流程分為簽約、用印、完稅與貸款四道手續，買賣雙方簽約時，買方（投資者）要負擔 10% 的簽約金，用印時須再負擔 10% 款項。所謂用印，是指地政士備妥買賣雙方須蓋章的文件，包括買賣移轉契約書、土地增值稅申報書等過戶文件。待雙方付清土地增值稅、契稅、印花稅等稅費，買方再支付 10% 的價金作為完稅款。待地政士過戶完成並取得他項權利證明書後，銀行再將剩下的 70% 貸款撥入賣方帳戶，到此才算正式完成過戶。

　　目前實務上過戶，為了保障雙方交易安全，多採用價金信託部分存入專戶，以降低交易風險。

簽約	◆ 買賣雙方在地政士見證下簽約。 ◆ 簽約後，買方需支付**10%**價金，為簽約款。
用印	◆ 過戶用的所有文件由地政士用印蓋章。 ◆ 用印後，買方需支付**10%**價金，為用印款。
完稅	◆ 買賣雙方付清契稅、印花稅、土地增值稅等。 ◆ 完稅後，買方需支付**10%**價金，為完稅款。
貸款	◆ 過戶手續完成後，貸款銀行將剩下的**70%**撥入賣方帳戶。

圖 1-13　簽約四道手續與說明

第七步：建築設計

　　第四步只是請建築師規劃平面草圖，現在則是請建築師依產品面向規劃平面機能圖、立面機能圖。可視建案的規模來挑

選建築師，大案子可找大建築師，小案子找小建築師即可，不一定非得找有名、大牌的建築師來畫設計圖。

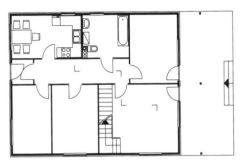

圖 1-14　建築平面圖

圖 1-15　建築立面圖

第八步：銷售

　　當你在規劃一個建案時，有預售或先建後售兩種銷售模式，不管你選擇預售還是成屋銷售，都可以委託代銷公司來幫你，它們最主要的價值就是行銷與包裝，像是廣告銷售企劃、網路行銷、銷售人員訓練等等，此外，我們一般常看到的接待中心也是由代銷公司負責。一般來說，戶數多或規模大的建案才須要找代銷公司，小規模的成屋建案建議找仲介公司即可。

第九步：施工與交屋

　　預售屋銷售完成後，就可自行發包工程（自己發小包）或委託營造廠施工（發大包）。發大包是指將所有跟工程有關的流程完全交由營造廠來統一管理，單價高，但比較省事。國內大型營造廠如大陸工程、達欣工程等，也都是我們創世紀不動產訓練中心的學員。發大包給營造廠，建築師則負責「監造」

工作，監督施工過程，故就制度而言，建築師與營造廠的立場處於對立的情形，營造廠施工若沒按照施工規範執行，建築師可以要求營造商補強或重做。

除了發大包的模式外，還有所謂的發小包模式。發小包是自己個別去找施工廠商，如地下室開挖工程、連續壁工程、土木工程、結構工程、機電工程等，自行接洽與聯絡廠商，由於多為自己處理，將工程個別發包，所以費用較低，缺點是管理不易且費時。

最後一項就是交屋並成立管委會、點交公共設施。建案取得使用執照後，就交由地政士辦理「建物第一次測量」，取得地政事務所核發的「成果圖」，並進行「保存登記」取得建物所有權狀後，即可辦理交屋手續。

公共設施點交方面，建商須依《公寓大廈管理條例》協助住戶成立住戶大會，通過社區的規約來選舉委員，再由委員中選出主任委員擔任管委會的主席，監督社區管理工作，並向主管機關報備社區之成立、開立帳戶，與建商點交公共設施及社區公共基金。

在此跟大家分享一個經驗，從我的交屋戶數超過 3,000 戶、協助成立住戶大會及點交公設超過 20 個社區的經驗裡，我發現到一個「潛規則」，若想要在社區裡擔任幹部，一定要在第一次住戶大會上多次發言，以爭取社區住戶的認同，方有可能選上「委員」。另外，若擔任社區幹部的人具有「法律」背景，對建商而言，則是「難點交」的開始。

台北市建築經營管理協會

誠摯邀請想擴展人脈、提升業績、創造絕對的財務自由的您，
加入協會，一起交流、分享！　等您加入

不動產學習 — 建築考察 — 共同投資 — 吃喝玩樂

召集菁英，期待您的加入！

入會專線：(02) 2758-8036
欲知更多資訊，請上官網查詢：http://www.twret.com

第 2 篇
產權調查、勘查土地篇

土地買賣價格動輒「億來億去」，
因此買賣前一定要做好功課，
查清楚這塊地的身家背景與左鄰右舍，
免得花大錢買到的土地讓你被套牢、又無法脫手，
那可就糟了！

本篇將從土地投資的 9 個流程中，
逐步教你進入土地投資的領域。
在這裡，不只教你專業的知識，
還要告訴你行家暗暗在做，但卻不會告訴你的箇中「眉角」！

Q 10 建設公司需要很多的人力？

一般人可能會認為，成立建設公司需要非常多的人力，門檻很高，其實，這個判斷基準並非真理，卻淪為一個迷思，現在我們就來分析建設公司究竟需要哪些人力。

🏠 建設公司需要哪些人力？

建設公司，最需要的職務是土地開發人員，他們的工作就是找到一塊契合需求的土地，經過謹慎的風險評估後，跟地主轉移產權並點交土地後，建設公司的任務基本上就算大功告成了。至於前面提到的設計圖與建築線的部分就交由建築師、代銷公司負責行銷企劃與預售屋銷售，營造廠則負責興建工程，這些工作都可以外包，最後再由建設公司來處理買地與交屋事宜，整個案件就算結束。

如果一家建設公司只處理買地與交屋的話，那你認為它需要多少人力？成千上百？不需要！很多大型的建設公司員工不到百人，因為建設公司是屬於資本密集，非勞力密集的行業。若以小型建商來計算，土地開發員 1 名，會計 1 名，行政 1 名，工務 1 名，再加老闆 1 人，約 5 人就足夠成立小規模的建設公司，一年只要推一個 5 億的案子，假設利潤 2 成，一年賺 1 億，

每人就能達到 2 千萬獲利的貢獻度！

在我們訓練中心上課的學員中，有個學員自己開建設公司，負責工務的老闆去找地買地，老闆太太負責簽約與交屋，設計則發包給建築師，銷售就發包給代銷公司，裡面只請一個員工負責工務發小包，辦公室則和他人共用，分租兩張桌子，這樣規模的公司一年推案 5 億，2 年獲利 1 億。

另一名學員也同樣成立建設公司，他的辦公室裝潢得氣派堂皇，公司資本額有 6,000 萬，請來 3 位土地開發人員、1 名主管、1 名會計、1 名出納、1 名人事總務、1 名總機，連老闆一共 9 人，一個月辦公室人事開銷便近 80 萬，一年就要花 1,000 萬，公司成立 3 年，還沒找到土地。等找到建地也已經沒有資金去購買，最後公司就只能宣告解散。所以建設公司的人力在精不在多，人越少反而能在不景氣中撐越久，也才更有獲利的空間。

$Q11$ 該如何判斷進場時機？

影響房市景氣的原因有很多，國內外的政治經濟情勢、政府政策的改變、甚至選舉的結果，都會影響景氣。比如近年來的奢侈稅、房地合一稅、房屋稅，以及新政府上台，無不影響台灣的房地產市場甚鉅，如果買錯時機、買貴價錢，就等著住套房。不想「買錯買貴」，你一定要懂得進行經濟情勢分析。

💲 全球景氣分析：上經濟部網站查詢

第一步：下載經濟分析報告

首先上經濟部的網站，找出重要的經濟數據。進入「中華民國經濟部」網站首頁之後，點選首頁最下方「經濟統計→產經情勢分析」，查詢畫面如圖 2-1 所示。

下一步，點選「經濟情勢分析」，即可下載最新的電子檔，查詢畫面如圖 2-2 所示。

圖 2-1　中華民國經濟部網站首頁

圖 2-2　從「產經情勢分析」一欄點選「經濟情勢分析」

Investment in
Real Estate

第二步：分析重要數據報告

接下來，可從報告中讀取關鍵的重要數據，並記得以下三個原則：

1. 全球經濟成長率越高越好。
2. 台灣經濟成長率越高越好。
3. 台灣景氣對策信號上，綜合判斷的分數也是越高越好。

$房市景氣分析：上營建署網站查詢

一、搜集房市景氣資訊來源

房市的景氣除了可上營建署網站查詢，並分析重要的數據外，還可以看建設業的「開工率」，像是核發的建照、使用執照有多少等等。房仲業的龍頭信義房屋每個月的月營收都會公布在網站上，月營收差代表景氣不好，因為信義房屋是房仲業的龍頭，所以信義房屋每個月的營業額可以幫助我們了解現在房仲市場的景氣。

二、台灣利率升降

另一項重大指標就是利率，房市跟利率息息相關，而利率是升是降則由中央銀行決策。美國的利率政策又會影響台灣利率的升降，所以美國的聯準會（FED）也是我們觀察的重點。一般來說，美國升息也會牽動台灣升息，美國降息則台灣也會跟著降息。

$ 影響房市的重大因素

對房地產產生影響的因素	正向（房價上漲）	反向（房價下跌）
利率	✘	✔
匯率	✔（升值）	✘
景氣分數	✔	✘
稅率	✘	✔
政策	✘	✔
全球景氣	✔	✘
原物料價格	✔	✘

- 利率：利率上升，房價下跌的機率就大。
- 匯率：台幣升值，則房價上漲的機率就大。
- 景氣分數：景氣分數越高，代表房價上漲機率高。
- 稅率：房屋稅調高，房價下跌機率大。
- 政策：政府打房的話，房價會下跌。

Q12 建商透過仲人來找地，會有哪些糾紛？

土地投資的 9 個流程中，提到土地開發的來源有三，包括自行開發、仲人介紹與公開招標。仲人介紹是建商開發土地的一種手段，仲人介紹經常引發問題，在此先介紹自行開發與仲人介紹這兩種方式。

自行開發，在精不在多

所謂自行開發，就是先選定一塊目標區域，自己來開發，但不論你是想買地還是賣地，都要把握以下幾個原則，才不會花時間卻在做白工。

找地主：專精區域，親訪現勘

如果你對某個區域的土地有興趣，可以把該區域的地籍圖及產權資料全部調出來，然後向房仲一樣，逐門逐戶去拜訪，只要有一定的專業度，不難獲得地主的認同，再跟地主簽訂委託書，就可以保障自己與地主的關係，地主便無法跳過你再跟別人進行交易。

在這邊要提醒各位，請記得，無須「求多」，但要「求精」，鎖定一塊你熟悉的區域，然後長期在地經營即可。

賣土地：找建商公會會員或專業機構

有了土地之後，該如何找買家呢？這邊提供兩個管道。首先你可以去找上市的建設公司，或是從公會著手，各地都有建商公會，例如台北市建築商業同業公會、新北市建築商業同業公會、桃園市建築商業同業公會等等，聯絡公會的會員公司（即建商）的土地開發部門之窗口，並經過拜訪等過程來出售土地。

另外，你也可以來像創世紀這樣的專業訓練機構上課，認識學員，因為許多學員都是建商背景，透過每次的上課機會認識其他同學，日積月累下來你的人脈就會增加許多。

仲人介紹糾紛多，先判斷有無專業度

如果想要成交，一定要展現出你的專業來。專業的人會主動調閱土地資料，過濾之後，寫成土地報告書；不專業的人則是直接拿著地籍圖四處兜售。我看過很多人，一副「反正朋友給的，不拿白不拿」的樣子，四處兜售介紹來的土地，利潤分析既不會算，產權調查也沒做，賣開價上億的土地是一問三不知，試問這樣的態度要如何成功售出土地呢？

我常遇到仲人來介紹土地，但這些仲人連地主是誰、長什麼模樣、土地現況如何都不清楚。最誇張的是，有的土地現在都已經在動工蓋房了，還拿來介紹，這就是不專業。

如何判斷仲人專業不專業？

各位猜猜看，100 個仲人有幾個人提供的土地資料不能用？

答案是大概有95個不能用。這是因為仲介土地的人實在太多了，通常都是拿著一張地籍圖、搞不清楚土地狀況就來兜售。

　　為了避免浪費時間做無效率的事，甚至引來不必要的麻煩，當有仲人上門推薦土地時，只有持有地主授權書或是親自見過地主的案件，才須要仔細評估。如果這塊地要是經過兩個以上的朋友，轉了好幾手介紹來的，那麼你千萬不要對這塊土地有太大的期許，通常結果都是不了了之，不是價格錯誤，就是買家有意願卻約不出真正的地主，純屬浪費時間而已。

🏠 善用手段求自保，成交手到擒來

　　反觀來看，如果你是仲人，是否有遇過「為什麼我才是介紹土地的那個人，但最後成交的卻不是我」的狀況呢？

　　遇到這種情況時，首先你要確定是不是真的被刻意跳過，還是誤會一場。有可能對方另有來源，而且是由不同的線去成交的，也有可能發生你辛苦了半天，最後卻是為人作嫁的悲慘窘境。為了避免把土地交給別人卻被跳過，以下提供4個可能的狀況與作法，希望能幫助各位掌握土地仲介的商機，但前提是要先加入不動產經紀業才可以經營此項業務。

作法一：不隨意公開土地資訊

　　當你掌握到不錯的資訊時，千萬不能四處宣揚，畢竟好的土地資源真的很稀少，要注意不要被有心人士利用。我曾看過有的仲人在網路上公開「叫賣」，殊不知引來的不是買家，而

是一堆同業競相來搶食。所以當你手邊握有珍貴的資料時，必須視為商業機密，千萬不能在網路上公開所有資訊。如果真的需要公開，也只能講一個大概，而不是全盤托出，這樣才能維護自己的權益。除非你真的遇到一個有成交意願的買方，你才能公開這塊土地的地段、地號。

作法二：與賣方簽訂「專任授權書」

如果你把土地訊息提供給建設公司，可是公司跳過你，直接去跟地主接洽怎麼辦？

這種情形下，為了自保，你最好掌握清楚這個地主的狀況、脾氣、好惡與要求，並打好關係，讓地主認為你是他的專屬代理人，沒有你不行，接著就可以要求他簽訂「專任授權書」，土地的一切交易都只能透過你，成交後的移交手續等，都由你來負責。給賣方塑造「你就是他的經紀人」的強烈印象，強調必須透過你專業的服務，後續的交易才有保障。只要你能在賣方心中創造出你的價值與專業，就不用擔心千辛萬苦的牽線沒有結果。

作法三：遷址

以往有個作法，未免買方直接找地主交易，你可以先把賣方的地址遷到遠一點的地方，例如外島，當然這只是變更地址，並非真的讓地主搬到外島定居。如此一來，就算買方想要直接找地主，一看到地主「住」在外島，可能就會打消念頭，願意「安分地」透過你與地主聯繫。

作法四：佣金

仲介土地會不會成功還有一個情形是：A 介紹土地不會成，但 B 介紹土地卻成功了。這是為什麼？

因為這中間牽涉到利潤分配的問題。如果某太太介紹一塊地，土地是先生的，此時 A 跟她說：「太太，我跟妳說，如果成交，佣金我算妳一份。」而你沒有講這句話，你覺得，某太太會找你還是找 A？A 願意把自己佣金的一部分給介紹人，而你沒有，那你覺得你的勝算在哪裡？同樣的道理，不論是兄弟還是股東，也都有類似的情形。也就是說，你要搞清楚利潤分配，把利潤分配給重要的推手，你才有成交的機會，這麼做的前提是要合情合法，如果評估不違法，才能將佣金分配給重要關係人。

13 土地公開標售，有哪些規定要留意？

介紹完自行開發與仲人介紹這兩種取得土地來源的模式後，接下來就要來介紹公開標售這個方式、如何取得公開招標的資訊來源，以及跟招標有關的重要法令有哪些。

🏠 公開招標資訊來源

除了工程招標外，原來土地也有招標案。政府或金融單位不定期會釋出土地標售的物件，有興趣的讀者，可至以下單位的網站查詢。

一、國有財產署

在國有財產署網站的首頁上，可從右欄的「招標資訊」中得知最新的招標資訊，包括國有非公用財產招標、委外招標、其他機關招標資訊。

如想買台中的地，可從右方的「中區分署」點入，要買高雄的地則點選「南區分署」。

二、法院

法拍屋，通常被視為是年輕人買下人生第一間房的最佳機會，而想要以較便宜的價格買地，也能試試法拍土地。法院法

拍的土地有分點交和不點交這兩種模式，兩者的區別在於法院有沒有強制執行交接的程序，不點交的話，法院就不會強制執行交接程序，一旦遇到仍有租賃情況或占用者時，得標的一方只能自行處理。建議剛入門的投資者們以點交的土地入手。

圖 2-3　國有財產署網站首頁

圖 2-4　司法院拍賣公告查詢頁面

三、銀行

　　銀行為了處理不良債權，也會在網站上公開不良債權標售的公告。圖 2-5 為台灣銀行土地標售的查詢頁面。

圖 2-5 台灣銀行土地標售頁面

四、新北市土地標售行動網

目前北部地區，以新北市的土地標售交易最為熱絡，讀者可以上新北市政府地政局的土地標售行動網查詢，如圖 2-6 所示。若是其他縣市，可到各縣市政府的地政局或財政局網站查詢標地案資訊。

圖 2-6　新北市土地標售行動網

五、台灣鐵路局

台鐵與高鐵也會不定時推出土地標售案，有興趣的人可以上台鐵的網站查詢。

六、各地方政府的地政局或財政局

各級地方政府的地政局或財政局網站上也有相關公告，如台中市政府地政局、高雄市政府地政局土地開發處、台南市政府地政局等等。

Investment in
Real Estate

圖 2-7　交通部台灣鐵路管理局網站

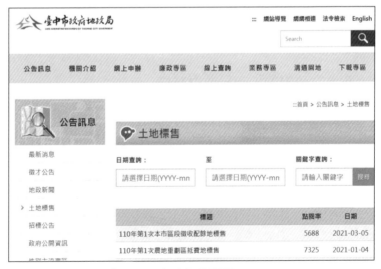

圖 2-8　台中市政府地政局土地標售頁面

圖 2-9　高雄市政府地政局土地開發處土地標售頁面

圖 2-10　台南市政府地政局土地標售頁面

Investment in
Real Estate

🏠 得標者須知重點

　　參與公開投標有一定的流程與規定，須詳閱各招標資訊。以國有財產署為例，一旦你得標，務必要注意以下幾個繳付標金的時間點，錯過繳款期限的話，除了被視為放棄得標外，投標的保證金也將遭到沒收：

1. 開標之次日起 5 日內，以書面具明洽貸金融機構名稱及擬貸金額，向標售機關提出申請。

2. 金融機構應於開標之次日起 25 日內核定准否貸款，並將結果通知得標人及標售機關。但貸款金額超過貸款金融機構核定權限，需陳報總行核定者，應於上述期限內出具核轉總行核定之函件。

3. 得標人……未於開標之次日起 50 日內辦竣所有權移轉及抵押權設定登記暨金融機構撥付價款者，應依貸款金額給付標售機關自開標後 50 日起以年息百分之 5 按日計算之遲延利息。

4. 標售機關並應限期得標人於開標之次日起 80 日內一次繳清價款；逾期未繳清者，視為放棄得標，買賣契約關係消滅，沒收投標保證金，標售標的物由標售機關另行處理。

Q14 什麼是所有權、使用權與地上權？

般傳統觀念裡，都認為「有土斯有財」，要買地置產才算是擁有財富的象徵，現在這個觀念已逐漸被翻轉，如今有很多建商打出比市價低的房價為口號，來吸引小資族與投資客們的注意，他們之所以能提出如此競爭性的價格，原因就在於他們不是在賣你所有權，而是賣你使用權與地上權這種產品。

💲 地上權：一種只租不賣的新興概念

《民法》物權篇第三章提到「地上權」。所謂「地上權」是指：在他人土地之上下有建築物或其他工作物為目的而使用其土地之權。比如說，A為了能在B的土地上蓋房子，與B協議，以設定地上權的方式租用B的土地，並且辦理設定地上權登記，那麼A就成為該土地的地上權人。

原則上，地上權是有期限的，非永久使用，取得地上權並不代表取得土地的所有權，期限內，你可以在上面蓋建築，你有建物的所有權，當時間一到，就要將地上建物拆掉，歸還土地。

全台第一個交屋地上權的建案就是「寶成建設河畔皇家」，

就是由筆者所執行的建案。民國 86 年，寶成建設推出的「河畔皇家」，當時地點在撫遠街，是第一個土地是地上權，建物是所有權的個案，簽約期限為 50 年，所以可以使用到民國 136 年。一旦到了期限，按原則，建商應該要主動拆除地上建物，將土地歸還政府，不過實際上 50 年後結果會如何也還未定案，到時候雙方會再進行協商，可能將土地期限展延或是拆屋還地。

使用權：長期使用，到期即搬走的概念

「台北京站」則是採用使用權的方式，日勝生建設向政府取得「台北車站特定專用區——交九用地 BOT 開發案」50 年的使用權，使用期限至民國 143 年 1 月 25 日止，也就是說，買家買到的是房子的使用權，並非房子的所有權，且有使用年限，到期後就必須搬走。不過由於只買到房子的使用權，因此價格當然比市價來得低，適合短期承租、經商等用途的投資客或商家。

以這個案例來說，土地所有權是政府的，政府只是將土地的地上權賣給日勝生來使用，雙方明訂合約，建物使用期限一到，便要移轉給政府，因為不是賣所有權，所以「京站」買賣不用申報實價登錄的房價。

前幾年，政府常標售土地，造成房價上漲，民怨政府是房價上漲的幫兇，故近幾年來，政府改以釋出「地上權」的方式，一來可以區隔市場，二來則可以避免成為「敗家子」變賣國有土地。但由於「地租」的負擔過高，民眾對於購買地上權的房子意願並不大。

Q*15* 跟買房一樣，買地也重實地勘查？

對土地有初步的概念之後，下一步就是現場勘查，這是非常重要的一環，眼見為實，有時候登錄的資料跟實際所見到的有可能是兩件事，所以除了要分析土地的利潤、市場、景氣等現實因素外，更要考慮非利益層面的因素，比如民情風俗、風水禁忌、甚至周邊是否有嫌惡設施等等，這些都是買地之前一定要做足的功課。

⑤ 這些土地條件，最好再考慮

基地的地形地勢、所處的位置、地質、面對的方向、四周的景觀等等，都會影響這塊地的「價值」，也就是你的獲利成效，好比你買的地鄰近墓地，試問有人願意入住嗎？沒人入住的話，房價起得來嗎？為了讓各位讀者有更進一步的了解，以下將針對幾種基地形勢來進行分析。

條件一：道路的弧狀彎曲與車的來向

如果一條 S 形的道路，路的一側有基地 A 與基地 B，兩塊基地同樣大小，都是 1,000 坪，車流行進方向如圖 2-11 所示，那麼基地 A 比基地 B 更好。

這兩塊基地大小、形狀都相同，只有位置不同，一個在彎道內側，一個在彎道外側，無關風水，單從科學的角度來看，因為路型的關係，基地 B 在車子前進的方向，形成車子容易衝撞的地形。畢竟沒有人喜歡住在容易被撞的地方，試想一樓的住戶如果擔憂被車撞而整日提心吊膽，這棟建物的價值又怎麼會提高呢？

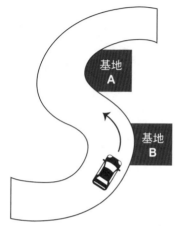

圖 2-11　S 形道路兩側基地

條件二：方位

買基地的時候，要看清楚基地座落的方位，現在要跟大家分享一個老祖宗傳下的口訣：左青龍、右白虎、前朱雀、後玄武。

「左青龍、右白虎」，左邊青龍表示河流，是流動的象徵，右邊白虎則表示靜止不動；現代都市裡已經很少見到河流，所以這裡的河流指得就是人車流通的車道，因此最好選擇左邊是車道，右邊是一排建物的基地。

以圖 2-12 來看，三角形符號表示基地或建物的正面、大門，從基地的正面來看，縱向馬路在基地 A 的左邊，在基地 B 的右邊，基地 A 符合左青龍的地形，因此基地 A 比基地 B 來得好。

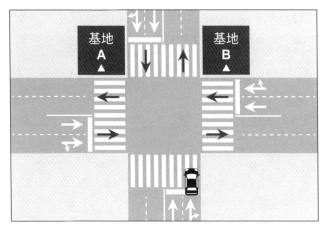

圖 2-12　方位

「前朱雀、後玄武」，是說前方要像明堂一樣視野開闊，沒有阻礙，像是面向公園或廣場的土地，一望無際，擁有良好的視野及景觀；後玄武指後方要有依靠，可能是一排建築或靠山，不要孤立無援。

能滿足以上條件的基地，都是不錯的土地。

條件三：地質

經濟部中央地質調查所於 2016 年推出「土壤液化潛勢查詢系統」，只要輸入地址，就會顯示所在地與周遭土質是否有液化情形，主要分為 3 個級別，紅色表示高液化潛勢區，黃色表示中度液化潛勢區，綠色則為低度液化潛勢區。

高液化潛勢區的土地表示施工前必須花費更多的成本來改良地質，除了會影響興建成本外，在銷售建案時，購屋者的購

買意願也會受到影響，因此地質因素也是非常重要的評斷標準。

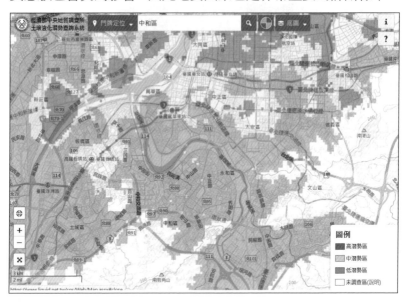

圖 2-13　液化潛勢區

資料來源：經濟部中央地質調查所

條件四：景觀

　　說到景觀，基地面前若有公園或是永久性的空地，就能規劃成有景觀的住宅，這時這塊地的價值就會提升。

　　但是眼見不一定為真，眼前看到的這塊土地對面蓋了座公園，但是不保證以後還是公園，最好同時對照都市計畫書圖，看看這塊土地的使用分區，若使用分區為國小預定地，將來就會變成國小，公園只是過渡期間的狀態。

條件五：地勢高低

基地地勢的高低也是必看的重點之一。地勢低，遇大雨容易積水，出入不易，更會造成房子的溼氣過重。當然，一段平緩卻仍有起伏的坡地也算，這時候就要選擇地勢較高的地段。

條件六：形狀

基地形狀的選擇上，形狀方整寬扁的土地更優於狹長形的土地及不規則的畸零地，因為完整的形狀比較好規劃，不規則的形狀難以規劃，也可能面臨容積用不完的問題。

表 2-1　土地勘查檢查表（從基地條件分析）

• 基地左手邊是街道，右手邊是建物？	是□否□
• 基地地質是否須進行土地改良？	是□否□
• 基地四周土地現況是否符合使用分區？	是□否□
• 基地地勢是高是低？	高□低□
• 基地形狀是方正而非不規則？	是□否□

Q16 土地地上物該如何處理？

假如你買的土地上有建物存在，即便是一棵老樹或一間破茅舍，這些不起眼的地上物，都可能讓你買到不能蓋房子的建地。

🏠 地上已存在的建物，不能隨便拆

前一節提到現場勘查土地的重要性，除了要觀察基地的四周、方位、形狀、所處地勢、土壤地質外，現在你還要檢查看看基地上有沒有地上物。如果是一塊表面無任何地上物的土地，就沒有地上物的困擾。然而有很多時候，你買的土地可能是以前人家的農地、建地、蓋工廠或房子的地，前任屋主遷走了，留下的這些地上物，你要怎麼處理？以下所列出的這些地上物，都有各自的處置方式，先看清楚哪些可拆除哪些不能拆除，倘若是不能拆除的地上物，就會增添開發上的困難度。

歷史建物

假如土地上有建物，先要確認是不是歷史建物或古蹟，受到《文化資產保存法》的規範，每項具有歷史文化意涵的古老建物都會被登錄為歷史建物，一旦被登錄就不能拆除。因此一

定要事先調查地上物是否為歷史建物，否則買到無法開發的土地，你就只好從「建築開發商」變成「旅遊觀光業者」，只能收取門票而不能拆掉蓋住宅。若是在台北市的土地，可以上台北市文化局網頁查詢，檢索「文化資產個案查詢」就能調出檢索範圍內的所有歷史建物或古蹟。其他縣市同樣搜尋各級政府文化局查找即可。

圖 2-14　歷史建物查詢

資料來源：台北市文化局

樹

　　現在民眾的環保意識抬頭，且非常重視自身的居住環境品質，因此每逢有重大開發案，常可看到民眾偕同「護樹團體」與民意代表極力抗爭，要求開發商必須提出路樹移植計畫，並且經由專家委員審議通過才能執行。

根據《台北市樹木保護自治條例》，符合以下條件的樹木都受到法律的保護，不得隨意砍伐，包括：

1. 樹胸高直徑 0.8 公尺以上者。

2. 樹胸圍 2.5 公尺以上者。

3. 樹高 15 公尺以上者。

4. 樹齡 50 年以上者。

5. 珍稀或具生態、生物、地理及區域人文歷史、文化代表性之樹木，包括：群體樹林、綠籬、蔓藤等，並經主管機關認定者。

若無法確定土地上的樹是否受到保護，同樣可上各級政府文化局查詢。

圖 2-15　受保護樹木查詢

資料來源：台北市文化局

墳墓

中國人對死亡特別忌諱，尤其過去傳統入土為安的觀念，讓許多山頭還能看到整片的墳墓。如果你到現場勘察，看到一片高高的芒草，千萬不要以為那只是一片草，然後買了以後才發現掩藏在草裡的，其實是一座座的墳墓，那就麻煩了。

如果不幸買到了這樣的地，那你就要做遷墳的準備，必須先公告再舉辦民俗法會等儀式，而這段等待時間又增加了開發成本。所以看到雜草瀰漫的土地，一定要特別注意。

農作物

地上物如果有未收割的農作物，務必要在合約上載明土地的價格是否包含農作物，以防事後地主以高價賣你農作物或是等到農作物收成再點交來找你麻煩。

$ 嫌惡設施，能避開最好不要買

嫌惡設施就是居民不希望設置在住家附近的設施，像是公墓、殯儀館、飛機場、垃圾處理場、垃圾焚化廠、寺廟、核電廠等等。這些設施雖是因應民生需要而必須設置的設施，但一般人普遍抱持嫌惡感，如果周遭有以下所提到的這些設施，出手之前最好再三考慮。

宮廟與教堂

現在有兩塊地，如圖 2-16，基地 A 正對廟門口，基地 B 在廟的背面，AB 兩地的使用分區、容積、大小都一樣，那麼你要

選擇哪一塊地？

其實兩處都不好。以環境衛生層面來看，宮廟每天都要焚香燒金紙，會製造對人體有害的毒物跟致癌物，若是逢年過節或廟會活動做法會時，誦經的聲音也常常擾人清靜。就宗教層面來看，房子蓋在廟門前，等於擋了神明的視線，蓋在廟背後，則有同時被祭拜的感覺，畢竟我們是凡人，居住上還是「敬鬼神而遠之」好些。

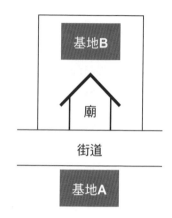

圖 2-16　宮廟與基地位置

夜市

如果你準備要蓋一個豪宅區，旁邊是人車喧鬧的夜市，那麼你一定要三思。

台北市圓山靠近士林夜市旁，有推一個豪宅建案，每戶將近 100 坪，要價上億。這個價錢對一般市井小民而言或許是天價，但是對富豪來說應該不是問題。但問題是有錢人大多喜歡寧靜，對整體環境非常要求，偏偏夜市環境吵雜，衛生不佳，絕對不會是富豪喜愛的地方。最後事實證明，該建案賣得非常辛苦。

其實，即便只是一般住宅，夜市的人流、車流、噪音及大量的垃圾，都會影響居住品質，想想台北師大夜市的住戶抗議 1 樓店家做生意就知道夜市不是一般住戶喜歡的設施。想在夜市

附近蓋住宅，必須考量夜市的存在是否會影響房價。

變電所（高壓電塔）、垃圾處理場、醫院

不論是變電箱還是變電所，都是住戶嫌惡的設施，因為它們釋放的電磁波對健康會造成很大的影響。

而垃圾處理場與資源回收場也會產生一些汙染，由於回收過程會產生水分，很容易散發異味而孳生蚊蟲，影響環境衛生。

醫院則是生死之地，也是傳統會忌諱的場所，加上常有救護車呼嘯而過，影響安寧，除非你要做跟醫療有關的設施，否則土地最好避免買在醫院旁。

表 2-2　土地問題檢查表（從地上物分析）

• 地上物是否有歷史建物？	是□否□
• 地上物是否有受保護的樹木？	是□否□
• 地上物是否有墳墓？	是□否□
• 地上物是否有農作物？	是□否□
• 地上物是否有貨櫃屋？可否清運或移除？	是□否□
• 基地附近是否有夜市、宮廟、教堂？	是□否□
• 基地附近是否有工廠、高架橋、地下道、隧道口？	是□否□
• 基地附近是否有變電所、高壓電塔、發射台？	是□否□

$ 眼見不一定為憑，簽約註記求自保

地上物還有一個地方須要注意，當你在調閱謄本時，可以看一下有沒有登記「建號」，凡建物都要申請建號，只要在申

請謄本時，一併勾選申請建號，謄本下來後就會附上建號、地號。沒有建號的建物，視為未保存登記，但不一定就屬違建，有些建物雖然沒有建物所有權狀但是有使用執照，這些建物還是合法的建物。

土地謄本上有建號，過戶時要辦建物「滅失登記」

滅失登記是指「已登記之建物因全部或部分滅失，得申請建物滅失勘測。申請建物滅失勘測，應填具登記申請書，一併申請建物消滅登記，如為部分滅失，登記完畢發給建物所有權狀」。原則很好記，建物要申請建號，滅失了就辦理註銷的意思。

此處有個地方要注意，購買土地時，一定要註明買賣價款有包含地上建物與建號，再去辦理滅失登記，否則遇到下列幾種情況時，就面臨無法開發土地的情形了。

狀況一：無地上物，但有建號

你去現場勘查，發現沒有任何地上物，但若建物所有權人沒有辦理滅失登記，你事後也沒去辦理滅失登記，那麼建物所有權人是有權利重新將建物恢復原狀的，則你買的建地就無法開發，因為申請建照時土地上不能有其他建物，故必須買下該建物、辦理滅失登記後才可以再開發，若建物所有權人此時要賣天價，這時候除了增加土地成本，甚至開發建案也沒了利潤。

狀況二：地上有破屋，也有建號

合法的建物，並沒有規定要以何種方式存在，即便不存在也算建物。假設地主原先有一個磚造的平房，但現在只剩半片

殘壁，你去現場看到一片斷垣殘壁，以為沒什麼重要性，就買下那塊地，這時如果你沒要求地主過戶那個建物，也沒去辦滅失登記，那你就等著任人宰割了。如同狀況一，地主可以重新復原建物，也可以向你獅子大開口，跟你漫天開價，你不付錢的話，不好意思，這塊地你就無法開發。

合法建物的判別

總而言之，合法的建物一定要一併買下，沒有一併買下就無法開發，這就是買地的風險。所以買地前，一定要先確認土地是否有地上物。那麼，什麼是「合法的建物」？合法建物的條件包括：

1. 有權狀，有權狀的建物一定合法。
2. 有些房子雖然沒權狀，但仍然合法，因為它有「使用執照」。有使用執照但沒有辦理建物登記，也算合法建物。

為避免上述的風險發生，買地前最好能在合約上加註一條「包含任何地上物」，有了這一條保護令，就能讓你少掉許多麻煩。

$Q17$ 土地如何進行「身家調查」?

在經過實地勘查以後,下一步就要進入產權調查。產權調查就是土地的身家調查,如同我們要找另一半,也會想要深入了解對方的過往與家庭背景一樣,買地也是如此。我們必須先知道這塊地的「歷史」,是法拍還是正常的交易,中間又有什麼樣的故事,這些故事背後隱藏許多重要訊息,買地前都必須查清楚。

土地謄本,上網即可申請調閱

土地謄本,就是土地的戶籍謄本。可以上「HiNet 地政通」網頁調謄本,只要申請一組網路的帳號密碼,就能輕鬆調出謄本。

圖 2-17　土地謄本查詢

資料來源：HiNet 地政通

🏠$ 土地謄本的演變

　　從以前到現在，土地謄本的樣式也經過演變，以下將介紹各時期的謄本，並簡單解讀謄本上的訊息。

一、現行謄本

　　圖 2-18 為現行的電子謄本，以台北市立第一女子中學為範本，我們可以知道這塊地的地號是中正區公園段三小段 0310 地號，登記日期在民國 101 年 02 月 04 日，從這張謄本可以看到，這塊地的所有權人是台北市，也就是台北市政府的地。地目是建地，使用分區是（空白），表示這是都市土地的意思，因此，這塊地的適用法規就要去找《台北市土地使用分區管制自治條

例》。公告現值方面，102年時，一平方公尺為 174,000 元。從謄本上來看，台北市政府從來沒有拿過這塊地去借錢，這塊地的歷史非常乾淨。

這邊要小小提醒各位讀者，使用分區為空白者，就是都市土地；使用分區有載明使用地別者，則這塊地為非都市土地。

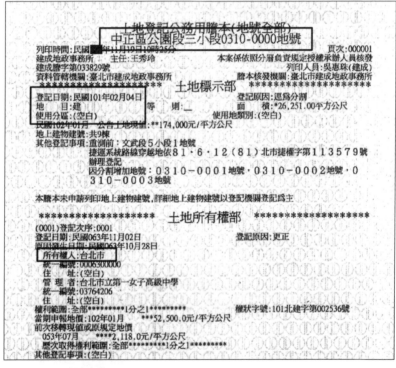

圖 2-18　現行電子謄本

二、手工登記簿謄本與日據時代的謄本

接著我們再往前回推，電子謄本之前是人工登記的謄本與日據時期的台帳。土地謄本等同於一塊地的身分紀錄，欲了解一塊地的歷史，除了調閱現行的紀錄之外，過往的紀錄也要一併調閱出來，查看這塊地是否有遭到法拍或質押，即便過往的紀錄並不影響這塊地現有的價值。

圖 2-19 與圖 2-20 出示的謄本與台帳皆為同一塊地。

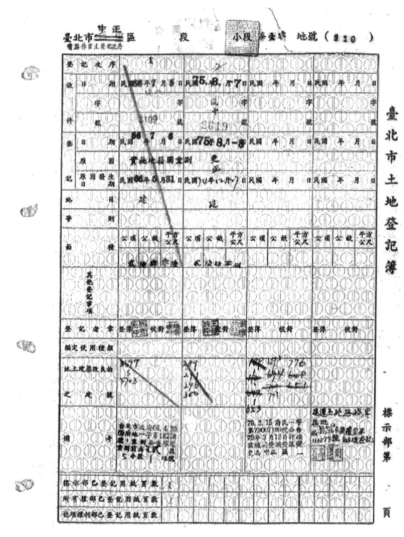

圖 2-19　人工登記謄本

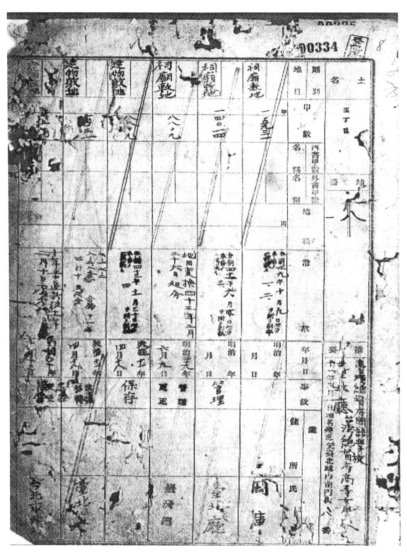

圖 2-20　日據時期土地台帳

Q18 如何做市場調查？

現場勘察與市場調查不同，但都是買地之前必做的功課。現場勘查要注意的地方是符不符合土地謄本，也能發現一些未登記在謄本上的枝微末節。市場調查則是規劃一塊地應該如何售出、包裝、目標客群等，以行銷為前提的作業。兩者都是土地投資需要做足準備的一環。

市場調查

要不要買這塊地，一定先進行市場調查，評估一個案子的可行性，一定要了解行情，可以從蒐集資料、產品定位及產品定位步驟這三方面來著手。以下就各個面向進行分析：

蒐集資料

• 廣告：蒐集銷售個案的相關資料，廣告就是其一。

• 現場資料：包括個案的來人來電分析、區域分析、年齡分析、坪數需求分析、用途分析、職業分析、購買動機、媒體分析、購買及未購買因素、定價、現場表現、規劃特色、建材設備、銷售狀況、產品定位、公設，以及付款方式等等。

• 專業雜誌：包括《住展》、《惟馨》等房地產專業雜誌，都有

進行專業的市場分析，是很好的資料蒐集來源，了解基地周遭推出的產品定位、價格、購買客層等等，有助於往後的產品規劃。

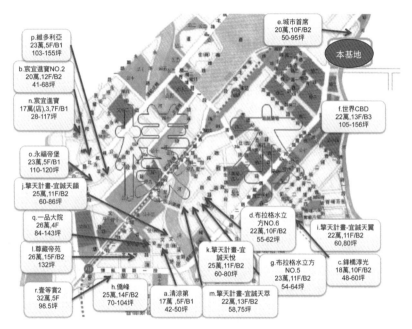

圖 2-21　基地附近的重要建案分析圖

有了建案分析圖，再從中挑選重要的建案進行產品分析。

	a. ×××	b. ○○○ NO.2	c. △△△
地址	文昌路（355）	領航北路二段	青埔路二段
投資興建	×× 建設	○○建設	△△ 建設
基地坪	165 坪	972 坪	1,326 坪

使用分區	住宅區	住宅區	住宅區
樓層規劃	5F／B1	12F／B2	10F／B2
可售戶數	－	88住家＋3店面	94住家＋4店面
產品	42～50坪	41～68坪	48～60坪
開價	21萬	23萬	23.5萬
成交價	17萬	20萬	18萬
特色	規劃1、2樓為1戶店面，3樓以上雙併住家	店面開價52萬／坪，臨主幹道	鄰近5公園，為3、4房格局設計

產品定位

影響產品的定位有很多因素，所在地的人口結構，如年齡、家庭、性別、職業、宗教、種族、社會地位等因素，或是所處地理位置，如位於城市或鄉村、人口密度等，參考這些變數可以讓我們了解這塊地能推什麼樣子的產品，是大坪數、小坪數、住宅區還是要做商場，因此，你必須先了解客戶的屬性，才能做出最適當的產品規劃。比如以家庭生命週期來看，客戶是年輕還是單身，其中又分「年輕、已婚」、「中年、有小孩」、「老年、無小孩」，這裡的無小孩是指小孩已經成家立業。不同的家庭結構，對房子的需求自然大不相同。

產品定位步驟

先選定目標市場，看看總價多少是你的客群可以接受的價位，還有潛在客戶的基本需求是什麼，確認好後再做供需原則的問卷。定位的步驟如下：

第 1 步：選定目標市場區隔：

- 區域整體銷售率？最易銷售產品？最難銷售產品？
- 本案小環境最易售產品？最難售產品？
- 依本案特性找出主力產品及單價與總價。

第 2 步：潛在客戶的基本需求：

- 單身貴族：最好接近工作地點。
- 新婚夫婦：重視安全。
- 投資客：重視產品發展潛力。

第 3 步：供需分析：

了解當地區域過去 5 年推案的產品／房數等。

第 4 步：問卷調查：

在當地區域人潮較多的地點如市場、捷運站出口等做問卷調查，了解當地居民最需要的房數及坪數需求。

第 5 步：確認：

假設做供給分析後發現當地過去 5 年推案的房數比例為 4 房（30%）、3 房（30%）、2 房（10%）、1 房（30%），而做問卷調查後發現客戶最想要的房數需求為 4 房（20%）、3 房（20%）、2 房（40%）、1 房（20%），則此土地最適合規劃的產品數為 2 房。

Q19 何謂標示部、所有權部與他項權利部？

土地登記謄本依功能分為三個區塊，分別為標示部、所有權部與他項權利部，分別記載關於土地不同的資訊，以下將個別詳述。

標示部	所有權部	他項權利部
◆ 記錄土地用途、位置、建物資料等等	◆ 記載土地所有權人的基本資料	◆ 記載他人對這塊土地享有的權利

圖 2-22　土地登記謄本三個區塊

🏠 看懂土地登記謄本

標示部主要記載土地面積、公告土地現值、土地的區段名及地號。若土地屬於「非都市土地」，則會記載土地使用分區以及使用地類別，譬如農舍的建號。若土地為「都市土地」，使用分區就要去各縣市使用分區系統查詢。此外，若要查地目就看標示部。

```
         土地登記第二類謄本（部分）
        大安區大安段三小段 ████-0000地號
列印時間：民國 ██ 年07月14日13時57分                              頁次：1

本謄本係網路申領之電子謄本，由創世紀國際不動產管理顧問有限公司自行列印
謄本檢查號：098AF158863REG4D3FAF616402096F85E
434C87F3CA，可至：http://land.hinet.net 查驗本謄本之正確性
大安地政事務所 主 任 簡玉昆
大安電謄字第158863號
資料管轄機關：臺北市大安地政事務所    謄本核發機關：臺北市大安地政事務所

*************** 土地標示部 ***************

登記日期：民國075年04月30日          登記原因：合併
地   目：建          等則：--        面   積：****2,207.00平方公尺
使用分區：（空白）                   使用地類別：（空白）
民國098年01月  公告土地現值：**490,735元／平方公尺
地上建物建號：共225棟
其他登記事項：因分割增加地號：████地號
             重測前：龍安坡段 ████ 地號
             合併自：3、4、5、6、7、8、9、10、11、12、18、20、
             21 地號
本謄本未申請列印地上建物建號，詳細地上建物建號以登記機關登記為主
```

圖 2-23　土地登記謄本——標示部

　　所有權部主要記載土地所有權人之姓名、住址、登記原因、權利範圍等資訊。我們可以透過土地所有權部之姓名，確認賣方是否為土地所有權人。如果賣方不是土地的所有權人，可以要求對方檢附授權書及身分證明文件，或是出示委託書。倘若土地所有權人年齡未滿 20 歲，簽約時，要有法定代理人或監護人一同出席。

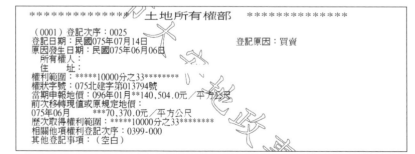

```
*************** 土地所有權部 ***************

（0001）登記次序：0025
登記日期：民國075年07月14日                    登記原因：買賣
原因發生日期：民國075年06月06日
  所有權人：
  住   址：
  權利範圍：*****10000分之33********
  權狀字號：075北建字第013794號
  當期申報地價：096年01月*140,504.0元／平方公尺
  前次移轉現值或原規定地價：
  075年06月  ***70,370.0元／平方公尺
  歷次取得權利範圍：*****10000分之33
  相關他項權利登記次序：0399-000
  其他登記事項：（空白）
```

圖 2-24　土地登記謄本——所有權部

他項權利部則記載權利種類、權利人、權利範圍等，比如我們可以透過這部分確認該地是否有被設定抵押權。

```
************* 土地他項權利部 *************
(0001)登記次序：0399-000                        權利種類：抵押權
收件年期：民國090年                字號：大安字第　　　　號
登記日期：民國090年04月26日                      登記原因：設定
權 利 人：
住  址：
債權額比例：全部 ***1分之1***
擔保債權總金額：本金最高限額新台幣***11,400,000元正
存續期間：自090年04月25日至130年04月24日
清償日期：依照各個契約約定
利息(率)：依照各個契約約定
遲延利息(率)：依照各個契約約定
違約金：依照各個契約約定
債務人及債務額比例：
權利標的：所有權
標的登記次序：0025
設定權利範圍 ※****10000分之33********
設定義務人：
證明書字號：090北大字第　　　　號
共同擔保地號：大安段三小段　　-0000
共同擔保建號：大安段三小段　　-000
其他登記事項：（空白）
                                              （續次頁）
```

圖 2-25　土地登記謄本──他項權利部

關於他項權利部，主要是登記所有權以外之物權紀錄，大致分為 8 種：

1. 普通地上權	稱普通地上權者，謂以在他人土地上下有建築物，或其他工作物為目的而使用其土地之權。（民 832）
2. 區分地上權	稱區分地上權者，謂以在他人土地上下之一定空間範圍內設定之地上權。（民 841-1）
3. 農育權	第 850 條之 1──稱農育權者，謂在他人土地為農作、森林、養殖、畜牧、種植竹木或保育之權。農育權之期限，不得逾二十年；逾二十年者，縮短為二十年。但以造林、保育為目的或法令另有規定者，不在此限。

4. 不動產役權	第 851 條——稱不動產役權者,謂以他人不動產供自己不動產通行、汲水、採光、眺望、電信或其他以特定便宜之用為目的之權。
5. 普通抵押權	第 860 條——稱普通抵押權者,謂債權人對於債務人或第三人不移轉占有而供其債權擔保之不動產,得就該不動產賣得價金優先受償之權。
6. 最高限額抵押權	第 881 條之 1——稱最高限額抵押權者,謂債務人或第三人提供其不動產為擔保,就債權人對債務人一定範圍內之不特定債權,在最高限額內設定之抵押權。 最高限額抵押權所擔保之債權,以由一定法律關係所生之債權或基於票據所生之權利為限。
7. 其他抵押權	第 882 條——地上權、農育權及典權,均得為抵押權之標的物。
8. 典權	第 910 條——稱典權者,謂支付典價在他人之不動產為使用、收益,於他人不回贖時,取得該不動產所有權之權。 第 912 條——典權約定期限不得逾三十年,逾三十年者縮短為三十年。 第 913 條——典權之約定期限不滿十五年者,不得附有到期不贖即作絕賣之條款。 典權附有絕賣條款者,出典人於典期屆滿不以原典價回贖時,典權人即取得典物所有權。 絕賣條款非經登記,不得對抗第三人。

💲 普通抵押權與最高限額抵押權的差異

　　抵押權有兩種,一種是「普通抵押權」,一種是「最高限額抵押權」,這兩者有什麼分別?什麼情況下要用普通抵押權?什麼情況要用最高限額抵押權?

　　普通抵押權所擔保的是已經發生的特定債權，但償還的債務沒有最高上限。例如，債務人跟朋友借款一百萬，雙方約好還款日期，債權人向債務人要求提供一棟房子設定一百萬的抵押權作為擔保。到了期限，若債務人仍無法清償債務，此時債權人可以向法院聲請拍賣抵押品，中間因為有可能涉及到違約金的部分，加上本金，林林總總相加起來，債務人實際需要償還的債款已經超過原先的借款，原先借款一百萬，但實際還款可能就要一百五十萬，因為沒有設定還款上限，故為「普通抵押權」。

　　最高限額抵押權則是指，擔保已發生或可能發生的不特定債權，並限定還款上限。例如你向銀行申貸一千萬的房貸，在這一千萬的額度內，你可以不限時間，自由地提取並使用，等到了還款期限，假設你已經清償了七百萬，此時你的債務只剩三百萬。突然臨時須要用錢，你再向銀行借三百萬，不需要再設定任何抵押權，可以用上次所設定的最高限額抵押權作擔保。銀行借貸通常採用最高限額抵押權，額度內已包含循環利息，對債務人而言，可以隨借隨還，也能將多餘的資金挪做他用。

表 2-3　普通抵押權與最高限額抵押權之差異

	普通抵押權	最高限額抵押權
償債部分	主債權、違約金、利息、延遲利息、設定費用→無還款上限	同左，但受償金有額度限度
貸款類型	一般貸款（貸款金額確定）	理財型貸款，隨借隨還

Q20 何謂預告登記與限制登記？

預告登記就是保全對於他人土地權利之請求權，而由請求權人檢附登記名義人之同意書及印鑑證明，向該管登記機關所為之限制登記名義人處分其土地權利之登記。其目的在阻止登記名義人對於該土地為有妨害其請求權之處分。

預告登記的好處

簡言之，預告登記就是搶先聲明自己應有的權利，等履約後，就能拿走對方承諾的資產，預告登記的好處就是，在約定的期限內，對方無法擅自處分自己的資產，因此能保障請求權人的權益。預告登記的效力如下：

1. 預告登記在未塗銷前，登記名義人就其土地所為之處分，對於所登記之請求權有妨礙者無效。
2. 預告登記，對於因徵收、法院判決或強制執行而為之新登記，無排除之效力。

　　根據《土地法》第 79 條之 1 規定，預告登記聲請保全的權利有：

1. 關於土地權利移轉或使其消滅之請求權。

2. 土地權利內容或次序變更之請求權。

3. 附條件或期限之請求權。

　　預告登記的效力究竟有多大？這裡舉個簡單的例子，小王跟阿美求婚，承諾阿美與其結婚的話，就贈與一間帝寶的房子，阿美立刻答應，兩人公證並登記結婚後，阿美跟小王要求履行承諾，殊不知小王早已將帝寶售出，讓阿美心有不甘，由於阿美事前沒有跟小王做任何婚前協議，最多也只能告小王詐欺並辦離婚收場。

　　如果阿美事先做好預告登記，就不會遇到這種「人財兩失」的局面。當小王說「與他結婚就贈送一間帝寶」時，阿美立刻去找代書辦好預告登記，小王就不能逕行移轉房子。

　　預告登記要檢附登記名義人的同意書，就是預告甲方要給乙方這樣的條件，乙方才要嫁給他，而甲方也願意蓋印鑑章，願意給乙方一個保障。而阿美獲得這個保障之後嫁給他，只要阿美履約，以結婚證書為憑，就可以讓代書直接去過戶房子，這就是附條件的請求權。

　　口說無憑，用預告登記的方式，才能保障自身的權益。

限制登記的好處

　　限制登記，就是限制登記名義人處分其土地權利所為之登記。即因當事人申請，法院或其他政府機關囑託登記機關暫時凍結已登記之土地權利狀態，而限制登記名義人就其土地權利

之全部或部分之處分，以保全請求權人之權益，亦稱為「保全登記」。

限制登記有查封、假扣押、假處分、破產四種手段。

一、查封登記

執行法院應債權人之請求，依《強制執行法》就提供強制執行之不動產，囑託登記機關為限制該不動產處分之登記。

二、假扣押登記

債權人就金錢請求或得易為金錢請求之請求，欲保全強制執行，以免日後有不能執行或甚難執行之虞，經向法院提出聲請，由法院囑託登記機關，就債務人之不動產為限制處分設定負擔之限制登記。

三、假處分登記

債權人就金錢請求以外之請求，欲保全強制執行，以免請求標的之現狀，日後不能執行或甚難執行之虞，經向法院提出聲請，由法院囑託登記機關，就債務人之不動產為限制處分設定負擔之限制登記。

四、破產登記

法院因債務人不能清償其債務，為兼顧債權人及債務人之利益，得因債權人及債務人聲請，就債務人之財產為破產宣告，囑託登記機關為破產登記。

　　原則上，謄本上若出現「限制登記」與「預告登記」，就表示權利不能移轉，這塊地不能過戶。

　　遇到上述情況，並非無解。比如查封，只要債務人買賣的價金能償還債務，查封就能解除，土地就能進行移轉。至於假扣押與假處分，二者最主要的差別就是看是不是金錢上的糾紛。有金錢糾紛，就聲請「假扣押」；非金錢上的糾紛則要聲請「假處分」。比如 A 跟 B 訂購 100 台冷氣，B 交貨之後，A 延遲不付錢，B 擔心 A 不給錢，所以就向法院聲請假扣押 A 的房子，以保障自身的債權。由於兩造屬於金錢糾紛，因此進行假扣押。

　　至於假處分，假設小明在夜市偷賣名牌包仿製品，被廠商查到他侵權，小明與廠商並沒有實質的金錢糾紛，可是小明侵害廠商的商標權，所以廠商就把小明的房子作假處分，作為官司勝訴時獲得的補償，因為如果小明脫產，廠商即便贏得官司也無法獲得賠償。

台北市建築經營管理協會

誠摯邀請想擴展人脈、提升業績、創造絕對的財務自由的您，
加入協會，一起交流、分享！ 等您加入

不動產學習 — 建築考察 — 共同投資 — 吃喝玩樂

加入協會的 5 大理由

1 有助事業發展
全台首創會員物件平台，會員共同投資不動產

2 終身教育
學員學習費用低廉，每堂課（2.5小時）費用只要400元

3 建立友誼
全台會員每月聯誼，共同交流房市資訊與市場資訊

4 娛樂
每月台北例會、建築考察、會員公司參訪、飯店聚餐交流

5 培養社交技巧
在每一次的活動與會議中，培養個性及人際關係的
技巧，讓你更喜歡與人接觸

召集菁英，期待您的加入！

入會專線：**(02) 2758-8036**
欲知更多資訊，請上官網查詢：http://www.twret.com

第 3 篇

都市更新篇

都更與合建，是土地投資重要的來源之一，

但近十年來，都更卻是讓幾家歡樂幾家愁的惱人議題，

全國六都屋齡 20 年以上的房屋，占了 70% 以上，

若是老屋一直不改建，結構安全堪慮，

對住戶有居住上的危險。

如果老房子要改建，是都更好還是合建好？

如何避免自己一覺醒來，卻發現自家變成都更地？

如果要都更，怎樣才能行使與保障自己的權利？

Q21 老公寓變身都更屋，身價翻倍漲？

都更，就是都市更新，針對老舊社區或屋齡超過五、六十年的公寓重新翻修的意思，由於翻新與對未來的期待值，房屋價格也跟著水漲船高，很多土地都是靠都市更新的方式取得的。都更有公辦都更與自辦都更兩種，不論採哪種形式，最終一定是土地價格的改變以及權利的變換。

都更不是機密，不是少數人或財團才能操作的，它是公開的訊息，只要上「內政部營建署都市更新網」查詢，隨時都能取得第一手資訊。都更也好，合建也罷，都是土地投資重要的一個方式，了解何謂都更、為何要辦都更、都更有哪些好處後，你離致富將更邁進一大步。

💲 都市更新並非只有重建一途

什麼是都市更新？依據《都市更新條例》所定程序，在都市計畫範圍內，實施「重建」、「整建」、「維護」措施，目的在促進都市土地有計畫之再開發利用，復甦都市機能，改善居住環境與增進公共利益。

都市更新依施行程度而有三種實施方式：

重建 ◆ 拆除更新地區內原有建築物，重新建築，住戶安置，改進區內公共設施，並得變更土地使用性質或使用密度。

整建 ◆ 改建、修建更新地區內建築物或充實其設備，並改進區內公共設施。

維護 ◆ 加強更新地區內土地使用及建築管理，改進區內公共設施、以保持其良好狀況。

圖 3-1　都市更新的三種施行方式

　　很多民眾以為，都市更新就是老屋重建，其實都更不只重建，還有整建與維護，比如老舊公寓的「拉皮」專案，也是都更的一種。內政部營建署每年提撥「都市更新整建維護」經費，並且委託各縣市政府代辦，最高補助費用可達總施工金額的75%。另外，台北市舊公寓也可以向政府申請施作電梯的補助，但若從建商的角度來看，「拆掉重建」才是建商最有興趣的都更方式。

只有在劃定範圍內才能都更

　　在正式進入都更的說明之前，首先我們要認識「更新地區」與「更新單元」這兩個名詞。

更新地區

1. 直轄市、縣（市）主管機關應就都市之發展狀況、居民意願、原有社會、經濟關係及人文特色，進行全面調查及評估，劃

定更新地區，並視實際需要分別訂定都市更新計畫，作為擬定都市更新事業計畫之指導。（都市更新條例 5）

2. 直轄市、縣（市）主管機關得優先劃定為更新地區；或迅行劃定更新地區，上級主管機關得指定該管直轄市、縣（市）主管機關限期為之，必要時並得逕為辦理。（都市更新條例 6、7）

3. 土地及合法建築物所有權人得就主管機關劃定之更新單元，或依主管機關所定更新單元劃定基準自行劃定更新單元，申請實施該地區之都市更新事業。（都市更新條例 23）

更新單元

1. 更新單元之劃定，應考量原有社會、經濟關係及人文特色之維繫、整體再發展目標之促進、更新處理方式之一致性、公共設施負擔之公平性及土地權利整合之易行性等因素。（都市更新條例施行細則 5）

2. 實施者自行劃定更新單元時，應以一完整之計畫街廓為原則。但因計畫街廓過大或其他特殊因素確難一次辦理者，得由實施者自行依本條例第 5 條規定，擬具或變更都市更新計畫，並於計畫中適當劃分之。

簡單來說，政府評估後會劃定一個大的區域範圍，這個區域就叫作更新地區。區域內的土地都可以進行都市更新，比方說，雖然同在更新地區裡，A 社區申請都更，B 社區卻不要都更，

兩方都有選擇的權利,這個例子中,A社區就是一個更新單元。

　　圖3-2為更新地區與更新單元的示意圖,虛線所包圍的區域為都市更新地區的範圍。實線處則為更新單元,更新單元一定要在劃定的範圍內,不在範圍內就無法進入都更流程。

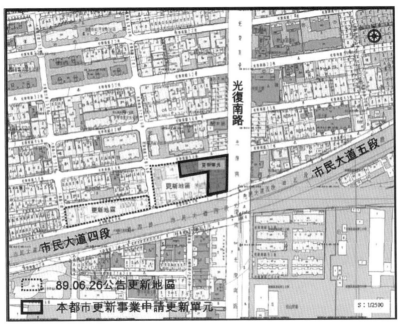

圖 3-2　更新地區與更新單元示意圖

🏠$ 都市更新流程四部曲

　　都市更新的流程主要有四個階段,依序為「劃定更新地區」、「都市更新事業概要」、「都市更新事業計畫」,以及「都市更新權利變換計畫」。

Investment in
Real Estate

第一步：劃定更新地區

1. 政府已劃定地區：

   意即政府基於劃定的理由，將都市計畫內需要都市更新的地區劃定為「都市更新地區範圍」，只有在此範圍內的土地，才可進行都市更新。

2. 政府未劃定地區：

   若為政府未劃定之地區，則土地所有權人可準備相關文件，向主管都市更新的政府機關申請，主管機關將依據「未經劃定應實施更新之地區自行劃定更新單元建築物及地區環境評估標準」，審定該區是否符合劃定的條件。

第二步：都市更新事業概要

　　若為已劃定或通過自行劃定之地區，即進入都更的第二階段——都市更新事業概要，簡稱事業概要。申請人在取得更新單元範圍內私有土地及私有合法建築物所有權人數及面積超過1/2以上同意門檻，並舉辦概要公聽會後，向市政府申請核准事業概要。

第三步：都市更新事業計畫

　　事業概要核准後，由實施者（建設公司）整合所有權人（住戶）參與都市更新之意願，取得 90% 的同意比例後，再舉辦事業計畫公聽會，擬具事業計畫申報核准。

第四步：都市更新權利變換計畫

　　事業計畫核定實施後，實施者（建設公司）要依照計畫的內容進行所有權人的意願調查及土地相關權利的協調處理，並通知相關權利人參與權利分配，依照分配的結果擬定權利變換計畫，最後再報請核准。

一、劃定更新地區
◆ 依都市計畫劃定更新地區

四、都市更新權利變換計畫
◆ 估算更新後的價值，並進行所有權人的權利分配

二、都市更新事業概要
◆ 取得同意門檻、舉辦公聽會、申請核准

三、都市更新事業計畫
◆ 取得90%所有權人的同意比例、申請核准

圖 3-3　都更流程四部曲

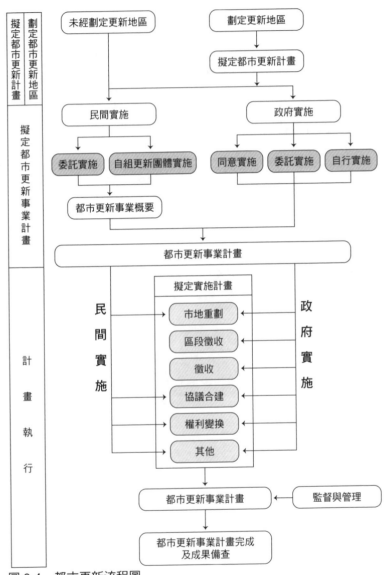

圖 3-4　都市更新流程圖

資料來源：台北市都市更新處

118

Q22 都更都更，不都更就落伍？

都市更新依實施者類型分為兩類，一種是政府來辦都更的「政府實施」，另一種則是由民間自辦的「民間實施」。政府辦都更的方式又有「自行實施」、「委託實施」與「同意實施」三種類型。

公辦都更是未來趨勢

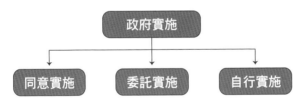

圖 3-5　公辦都更的三種實施方式

根據《台北市公辦都市更新實施辦法》第 8 條之規定，政府在處理公辦都更案時，除了可以自行實施外，也可經公開評選程序委託都市更新事業機構（委託實施），或是同意其他機關、機構作為實施者，實施都市更新事業。

以上三類均為政府實施都更的手段，只是實施者不同，我們都能稱為公辦都更。公辦都更將成為趨勢，因為公辦就是由

政府發起或施辦,即便獲利歸屬政府、公家,仍有一定的公平性,得到的容積獎勵也容易回饋到百姓身上;而私辦都更就容易引發揣測,獲利可能全都跑進私人企業的口袋裡,因此,如果是政府自己辦的公辦都更,將是一個未來的趨勢。

圖 3-6 至圖 3-11 之 6 張圖為國家級 6 大指標案,是政府優先推動都更的地區,為公辦都更的代表,也可上「營建署都市更新入口網」查詢更多公辦都更的資訊。

圖 3-6　基隆火車站暨 C2/C3 碼頭更新計畫

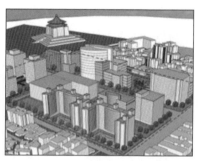

圖 3-7　北市華光社區都市更新旗艦計畫

圖 3-8　台北市南港高鐵沿線再開發計畫

圖 3-9　新竹火車站後站地區更新計畫

圖 3-10　運河星鑽特定專用區　　圖 3-11　嘉義市火車站周邊地區

國家級 6 大指標案
資料來源：營建署都市更新入口網

民間也能自辦都更

　　民間實施又分「委託實施」與「自主更新團體實施」。前者委託建設公司如華固、遠雄來做，後者如自組更新團體由民間自己進行。

　　在最後的執行計畫階段中，民間實施只能使用市地重劃、合建與權利變換的方式；政府實施的話，除剛提到的三種方式外，還多了區段徵收與徵收的方式來取得土地，這就是民間與政府實施的差別。

都更辦理程序中主要的角色

　　都市更新推動的程序中，有幾個重要的角色一定要知道，比如申請人、事業計畫實施者、更新團體、更新機構，以及實施的方式是採合建還是用權利變換，還有容積規劃、權值估算等等，這些又是什麼意思呢？現在就來簡單說明一下。

　　實施者就是指這個事業計畫的施行者，跟申請人不同，申請人是土地或房屋的所有權人，向政府提出都更申請，申請案通過後，再交由實施者──建設公司──來負責興建事宜，所以實施者是建商。這裡又分兩種方式來執行，一是申請人可能自有人脈，所以找工程師、建築師或是營造商都能自己來，就可以自行籌組所謂的「更新團體」，另一是委託都更公司全權負責，也就是所謂的更新機構。

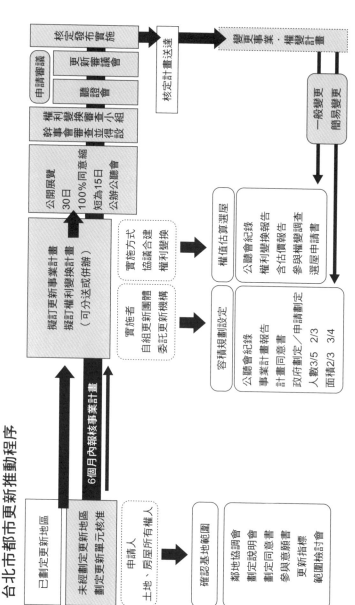

台北市都市更新推動程序

圖 3-12 都市更新辦理程序（台北市都更推動程序）

Q23 都更首部曲：如何讓土地被劃進都市更新範圍內？

前面提到，都更只能在已劃定的更新地區內進行，劃定外的區域就要走自行劃定的路線，因此劃定都市更新地區成了都更流程最重要的第一步，究竟該如何讓自家被劃定在更新地區內呢？那就要從劃定的分類開始講起。

💲 劃定的類型

依申請者的身分，「劃定」主要分為由政府劃定、自行劃定與策略性再開發劃定三個類型。政府劃定是由直轄市、縣（市）主管機關或是內政部劃定。政府未劃定的地方，符合《都市更新條例》第 23 條之規範者，民間也能主動申請自行劃定。只是每個縣市有關「自行劃定」的規定略有不同，可上各縣市政府網頁查詢，例如台北市就可以上「台北市都市更新處」查詢，另外還有一種叫做「策略性再開發劃定」的方式，是三種劃定中獎勵容積最多的一種。

認識一般劃定

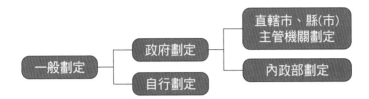

圖 3-13　一般劃定的類型

　　一般劃定分為由政府機關劃定與自行劃定兩大模式。一般來說，都更跟地方發展有關，所以多為各直轄市或縣（市）政府來劃定，但中央也有權力，中央由內政部負責劃定。

一、直轄市、縣（市）主管機關劃定

　　依據《都市更新條例》第6條之規定，針對下列情形之一者，直轄市、縣（市）主管機關得優先劃定為更新地區：

1. 建築物窳陋且非防火構造或鄰棟間隔不足，有妨害公共安全之虞。

2. 建築物因年代久遠有傾頹或朽壞之虞、建築物排列不良或道路彎曲狹小，足以妨害公共交通或公共安全。

3. 建築物未符合都市應有之機能。

4. 建築物未能與重大建設配合。

5. 具有歷史、文化、藝術、紀念價值，亟須辦理保存維護。

6. 居住環境惡劣，足以妨害公共衛生或社會治安。

7. 經偵檢確定遭受放射性汙染之建築物。

8. 特種工業設施有妨害公共安全之虞。

此外，依據《都市更新條例》第 7 條之規定，有下列各款情形之一時，直轄市、縣（市）主管機關應視實際情況，迅行劃定更新地區，並視實際需要訂定或變更都市更新計畫：

1. 因戰爭、地震、火災、水災、風災或其他重大事變遭受損壞。
2. 為避免重大災害之發生。
3. 符合《都市危險及老舊建築物加速重建條例》第三條第一項第一款、第二款規定之建築物。

也就是說，政府依《都市更新條例》之規定，若建築物無法滿足都市應有機能、無法配合重大建設者，政府認定為老舊建物者，就會劃定為都市更新地區範圍。此外，具有歷史文化藝術價值、需要保存的建物，或是居住環境惡劣的，也要劃定。最後，當遭遇地震等天災造成損害時，或是為了配合中央的重大建設，必須趕快劃定，就稱為迅行劃定。

二、內政部劃定

依《都市更新條例》，上級機關得指定該直轄市、縣（市）主管機關限期內迅行劃定更新地區，必要時得逕為辦理。

一般劃定都是由台北市政府、台中市政府、高雄市政府等地方政府劃定，假設一個地方出現危急地方人民安全的重大災害，如果地方政府不劃定，那麼中央也可以逕行劃定。

想要知道有哪些地方被劃定，可上各縣（市）地方政府網站上查詢，例如台北市的訊息就可上「台北市都市更新處」的「自行劃定更新範圍查詢」。但原則上，都更案件基本上都集

中在雙北市，反觀台中市、高雄市的都更案則比較少。

圖 3-14　台北市都市發展局開發審議服務平台自行劃定查詢

三、自行劃定

依據《都市更新條例》第 23 條，未經劃定應實施更新之地區，土地及合法建築物所有權人為促進其土地再開發利用或改善居住環境，得依主管機關所定更新單元劃定基準，自行劃定更新單元，依前條規定，申請實施該地區之都市更新事業。

政府沒有劃定，那就自己申請劃定吧。

🏠⑤ 不是每塊地都可以自行劃定，必須符合相關規定

面積大小有規定

自行劃定的土地必須符合都更條例的劃定條件，拿台北市為例，自行劃定要符合《台北市都市更新自治條例》第 12 條規定，至少須符合下列其中一項規範才可以：

1. 為完整之計畫街廓者。

2. 街廓內面積在二千平方公尺以上者。

3. 街廓內鄰接二條以上之計畫道路,面積大於該街廓四分之一,且在一千平方公尺以上者。

4. 街廓內相鄰土地業已建築完成,無法合併更新,且無礙建築設計及市容觀瞻並為一次更新完成,其面積在一千平方公尺以上者。但其面積在五百平方公尺以上,經敘明理由,提經審議會審議通過者。

5. 跨街廓更新單元之劃設,其中應至少有一街廓符合第一款至第四款規定之一,並採整體開發,且不影響各街廓內相鄰土地之開發者。

　　第一項是指街廓要完整,第二項是說街廓面積要 2,000 m² 以上,亦或者,只要街廓鄰接至少 2 條計畫道路,其面積是街廓的四分之一,且要 1,000 m² 以上。或者周遭土地都已開發完,你沒有辦法跟著一起都更,那 1,000 m² 以上也可以都更。第四項後面提到,如果你有塊 500 m² 的地,只要能提供正當的理由說服主管機關,也能申請都更。結論就是,面積 500 m² 的街廓也能申請劃定,但已經是最低極限。

至少符合 3 項指標

　　除了面積至少要 500 m² 之外,自行劃定還有一個要求,以下為台北市提出的 14 項指標,須至少符合其中 3 項,才算完全滿足自行劃定的條件。

第 1 項:更新單元內,不防火的建築比例要在 1/2 以上,並經由

建築師、專業技師或專門機構來鑑定。

第 2 項：更新單元內，巷道狹窄小於 6 公尺，且長度占現有巷
道的 1/2 以上。

第 3 項：更新單元內，凡是土磚造、木造、磚造、石造建築物，
或其他超過一定年限的各式建築之面積比例，超過 1/2
以上者。

第 4 項：基礎下陷、樑柱、牆壁、樓板有安全之虞超過 1/2 以上，
並經建築師鑑定。

第 5 項：更新單位內，建物地面層土地使用現況不符合現行法
規者達 1/2 以上。

第 6 項：更新單元周邊距離捷運站、國內重大景點或觀光據點
200 公尺內。

第 7 項：更新單元內，建物沒有設置化糞池比例在 1/2 以上。

第 8 項：更新單元內四樓以上的合法建物達 1/3 以上沒有電梯。

第 9 項：更新單元內，建物耐震標準未達《建築技術規則》規
定 1/2 以上。以上項目都要由建築師認定。

第 10 項：穿越更新單元，也沒提供公共通行的計畫道路面積達
1/2 以上。

第 11 項：更新單元內，現有建蔽率大於法定建蔽率、現有容積
未達法定容積 1/2。現有建蔽率怎麼估算？假設一塊
1,000 坪的基地，建物樓地板面積有 800 坪，所以建
蔽率就是 80%，這就叫現有建蔽率。如果使用分區是
住三，依法建蔽率只有 45%，現有建蔽率大於法定建

蔽率，因此可以都更。

第 12 項：更新單元內，平均每戶居住樓地板面積低於每戶居住
樓地板面積平均水準 2/3 以下。

第 13 項：古蹟保存區。

第 14 項：更新單元內，面積在 3,000 m² 以上或為完整街廓，並
舉辦地區說明，且超過 3/10 的住戶或所有權人之同意。

上述 14 項指標中，只要符合 3 項，加上至少 500 m² 的面積，
你就可以事先判斷你買的地或你家能否都市更新。

💲 策略性再開發劃定，獎勵容積可達 100%

依據《都市更新建築容積獎勵辦法》第 14 條之規定，所謂
策略性再開發劃定，就是經實施者取得《都市更新條例》第 22
條規定之同意比例，且更新單元面積達 5,000 m² 以上者，得擬
具「策略性再開發地區」報告書，向各級主管機關申請指定為策
略性再開發地區，若為非都市更新地區者，同時公告為更新地區。

從上述內容可知，策略性再開發劃定除了由各級主管機關
來指定外，也可由實施者擬具報告書聲請指定。

那麼，一般劃定與策略性再開發劃定的差別在哪裡？一般
劃定的獎勵容積最多 50%，但實務上，最多只有 20 ～ 25%；而
策略性再開發劃定獎勵部分可以到 100%，這就是兩者最大的差
異所在。所以面積 5,000 m² 以上的土地，建議採策略性再開發
劃定的方式。

Q24 不找建商，社區可以自辦都更嗎？

在介紹都更流程時，有稍微提到「更新團體」、「更新會」這些名詞，取代建商所扮演的角色，由社區自行組成的更新團體，自行辦理都更事宜，這個團體就稱為「更新會」。

💲 更新事業實施者

由於申請人跟實施者並不一定為同一者，因此不論民間實施或政府實施，都有兩至三種的都更方式。譬如說，你為申請人，委託建設公司幫你辦都更，這時候，實施者就是建設公司。現在再來複習一下有哪些都更方式吧！

	政府實施	民間實施
自己辦	自行實施（公辦都更）	更新會
委託別人辦	委託實施	委託實施
同意下行單位辦	同意實施	無

都市更新實施者

定義：依《都市更新條例》第 3 條第 6 款，都市更新實施者，

為更新單元實施都市更新事業之機關、機構或團體。

意義：類似一般民間慣稱的「業主」、「甲方」，或是申請建
築執照的「起造人」。

責任：實施者須負擔該案事業實施之責任。

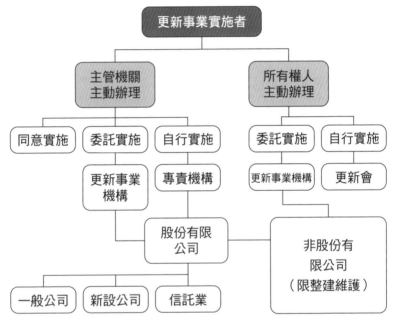

圖 3-15　都市更新事業實施者

🏠 都市更新會與都市更新事業機構

從圖 3-15 可知，民間自辦都更的實施者，稱為「更新會」
或「更新團體」，而公辦都更的實施者，則是「專責機構」。
若為委託實施，實施者都叫「都市更新事業機構」。

都市更新會成立條件

《都市更新條例》第 27 條：

1. 逾七人之土地及合法建築物所有權人自行實施更新事業時，應組織更新團體，訂定章程，申請當地直轄市、縣（市）主管機關核准。
2. 更新團體應為法人，行使法律賦予之權利義務。
3. 都市更新會之設立、管理及解散，由《都市更新團體設立管理及解散辦法》規範。

　　七人以上才能籌組更新會，只有 3、5 戶是無法進行都更的，一定要 7 戶以上，此乃民間實施都更的第一個要件，再將章程報請主管機關核准，最後再去銀行開戶。更新會是一個過渡組織，目標完成就要解散。

都市更新事業機構成立條件

《都市更新條例》第 26 條：

1. 都市更新事業機構以依《公司法》設立之股份有限公司為限。
2. 但都市更新事業係以整建或維護方式處理者，不在此限。

　　都市更新事業機構依《公司法》設立的只能是股份有限公司。股份有限公司跟有限公司的區別在於，股份有限公司需要三人以上，有限公司只需一人。不想找股東的話，你就可以設立有限公司。若要成立股份有限公司，至少就要三人，每人各

出資多少股這就叫作股份有限,所以有限公司與股份有限公司不是資本額的差異,而是成立人數的差異。

更新會設立流程

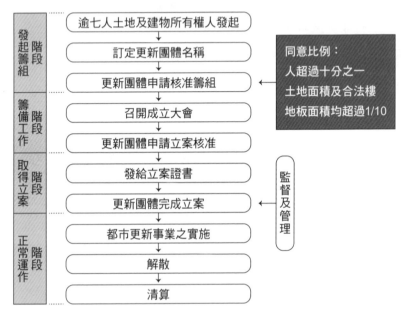

圖 3-16　申請設立都市更新會

資料來源:台北市都市更新處

更新會的組織架構

對於更新會,全體所有權人都是會員,有出席會議、發表意見、表決、選舉與被選舉權。全體會員中再選出數名擔任理事與監事。理事會主要負責執行層面,例如召開會員大會、執行決議、工程發包到竣工、異議之協調、撰寫都更報告等等;

監事則是監督單位，負責監督理事會的執行、財務經費，或有沒有按照會員的意見來行事。依照《人民團體法》之規定，監事的人數不得超過理事的三分之一，理事若有 30 人，監事至多 10 人。

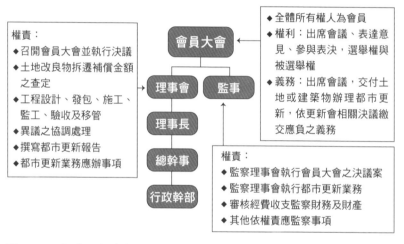

圖 3-17　都市更新會組織架構

資料來源：台北市都市更新處

更新會決議門檻

普通決議，只要會員 1/2 以上或土地及合法建物面積達 1/2 以上同意通過。至於下述議題，則視為特別決議，須按照《都市更新條例》第 37 條之同意比例辦理。

1. 訂定及變更章程
2. 會員之處分
3. 議決都市更新事業計畫

4. 理事及監事之選任

5. 團體之解散

6. 清算之決議及清算人之派任

💲 實施者——更新會之案例

以下兩個建案都是以「更新會」的方式進行都市更新。

圖 3-18　新莊博士的家

圖 3-19　水源路二、三期

公聽會有為之之必要嗎？

不論公辦或私辦，都要舉辦公聽會，公聽會是實施者發表計畫、與住戶溝通意見的場合，由於立場不同，雙方常常產生爭執，很多進度因此被延誤，即便如此，公聽會仍然不能被跳過，還是有舉辦的必要。

舉辦公聽會是依法有據

公聽會辦理單位

公聽會是都更過程必經的一環，假設你的身分是建商、是實施者、是更新會，根據《都市更新條例》第 22、32、49 條之規定，你必須在事業概要申請前、都市更新事業計畫期間，以及權利變換計畫期間舉辦公聽會。如果你是土地與合法建物的所有權人，你也必須依《都市更新條例》第 22 條之規定，於事業概要申請前辦理公聽會。當然，實施者也可能是公家機關，依《都市更新條例》第 32 條規定，都市更新事業計畫及權利變換計畫擬定或變更後，送各級主管機關審議前，應於各該直轄市、縣（市）政府或鄉（鎮、市）公所公開展覽 30 日，並舉辦公聽會。

公聽會流程

公聽會的流程表，包括發公告通知，確認時間、地點、場地、張貼公告、刊登新聞紙、簽到、錄影、紀錄等等，都有明確的規定。

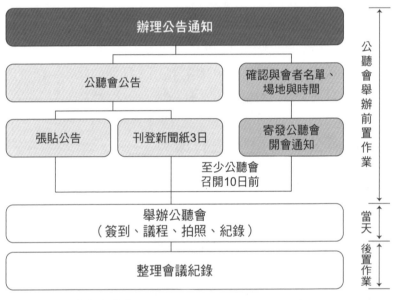

圖 3-20　公聽會流程表

資料來源：台北市都市更新處

公聽會的重要時間點與參與者

舉辦公聽會的 10 天前必須刊登新聞紙，假如你要在 1 月 10 日舉辦公聽會，最晚 1 月 1 日就要登報公告。

參加公聽會的人包括有關機關、專家學者，當地居民、其他相關權利人等，其他相關權利人就是指權利會受到影響的人，

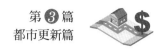

比方說，鄰近的大樓住戶，可能因為車道動線的設計影響進出，
他們也能參加公聽會闡述並捍衛自身的權益。

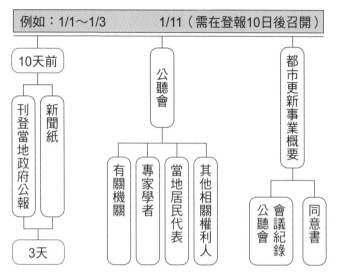

圖 3-21　公聽會出席者

資料來源：台北市都市更新處

Q26 都更二部曲：何謂都市更新事業概要階段？

公聽會後，就要邁入下一個步驟——概要階段。經劃定之地區，其土地及合法建築物所有權人得舉辦公聽會，擬定事業概要，連同公聽會紀錄，申請主管機關核准事業概要。

申請核准事業概要，需經更新單元內，土地總面積及合法建物總面積均超過 1/2 同意，且其土地及合法建物均超過 1/2 同意，才可通過事業概要階段。事業概要為摘要性說明，確定未來發展方向與原則，並討論容積獎勵等不確定事項，以提高未來都市更新事業計畫的可行性。

🏠 事業概要審查流程

由於公聽會可以取得最直接的民眾聲音，因此被納為都市更新事業概要必須取得的一項依據。召開公聽會廣徵民意後，實施者就要將公聽會紀錄連同之前擬具的都市更新事業概要一併提交給當地的直轄市、縣（市）主管機關報請核准，並依法取得所有權人一定比例的同意門檻。

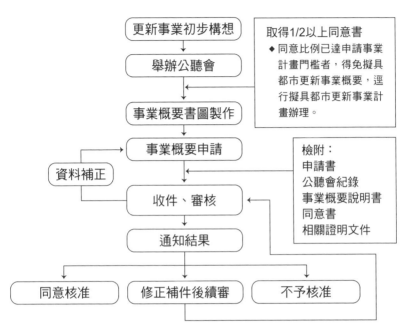

圖 3-22　都市更新事業概要審查流程圖

資料來源：台北市都市更新處

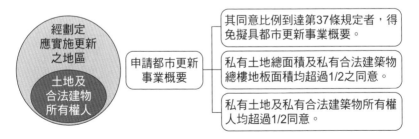

圖 3-23　都市更新事業概要同意比例

資料來源：台北市都市更新處

Q27 都更三部曲：如何進入都市更新事業計畫？

都更的目的在於創造公眾利益，但若實施者無利可圖，則都更案難以推動，因此政府會提供多樣性的獎勵誘因，以鼓勵民間主動辦理都更，創造更大的公眾利益，為維持更新工作之順利推展，政府有責任依核定之都市更新事業計畫監督推動之成效。

⑤ 都市更新事業計畫流程

事業計畫要更周詳

都市更新事業計畫跟都市更新事業概要不同，需要更全面而詳細的計畫報告，根據《都市更新條例》第 36 條，都市更新事業計畫書的內容，須包含計畫地區的範圍、實施者現況分析、計畫目標、細部計畫處理方式、拆遷安置計畫，財務計畫、效益評估、實施進度、未來推動方式等等，以確定建築量體設計為目的。

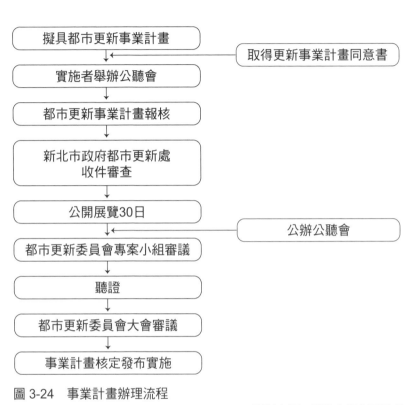

圖 3-24　事業計畫辦理流程

資料來源：新北市都市更新處

事業計畫說明書內容

1. 計畫地區範圍
2. 實施者／最小地號為案名
3. 現況分析／合法建物認定
4. 計畫目標
5. 細部計畫及其圖說
6. 處理方式及其區段劃分
7. 區內公共設施興修或改善計畫，含配置之設計圖說
8. 整建或維護區段內建築物改建、修建、維護或充實設備之標準及設計圖說
9. 重建區段之土地使用計畫，含建築物配置及設計圖說
10. 都市設計或景觀計畫
11. 實施方式及有關費用分擔
12. 拆遷安置計畫
13. 財務計畫
14. 實施進度
15. 效益評估
16. 相關單位配合辦理事項
17. 其他應加表明之事項

9/10 的同意門檻

在向主管機關申請核准之前，必須取得一定比例的住戶同意書。這裡有兩個地方需要注意，一是民間自辦要先取得住戶一定比例的同意，而政府公辦的都更就不需要住戶同意書；二是《都市更新條例》第 37 條的同意門檻，這條的重點就是，**更新單元內私有土地及合法建築物樓地板面積均超過 9/10 同意者，所有權人數不予計算**，即同意面積超過 9/10，所有權人數就不予計算的意思。

這項同意門檻有個但書，要看實施方式。採用**權利變換**者，才適用私有土地及合法建築物樓地板面積均超過 9/10 同意者，

所有權人數不予計算。採用合建者，原則上要全體同意，若未能取得全體同意，依《都市更新條例》第 37 條規定，得經更新單元範圍內私有土地總面積及私有合法建築物總樓地板面積均超過 9/10 同意，就達成合建協議部分，以協議合建方式實施之。對於不願參與協議合建之土地及合法建築物，得以權利變換方式實施之，或由實施者協議價購；協議不成者，得由實施者檢具協議合建及協議價購之條件、協議過程等相關文件，按徵收補償金額預繳承買價款，申請該管直轄市、縣（市）主管機關徵收後，讓售予實施者。

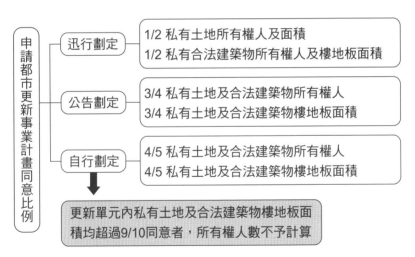

圖 3-25　都市更新事業計畫同意門檻

資料來源：台北市都市更新處

Investment in
Real Estate

Q28 都更的好處有哪些？

雖說都更的主要目的在於促進都市發展，維護公共安全，但為了鼓勵民間自主都更，政府也祭出相當多的獎勵與補助，現在就幫大家整合一下都更有哪些好處吧！

$ 都市更新好處多多

改善居住環境	舊屋換新屋、提升城市整體景觀等等
同意比例機制	達到同意門檻就能申請都更
賦稅減免	房屋稅、契稅、土增稅、地價稅都有減免
政府把關	審核申請資料、提供諮詢服務
優惠補助	中央和地方都有提供優惠補助
容積獎勵	法定容積外，還有額外的容積獎勵

圖 3-26　都更的好處

優惠補助

中央和地方都有提供補助，以《中央都市更新基金補助辦理自行實施更新作業須知》來說，補助對象就有更新團體（更

新會）、更新事業團體（建設公司）與政府機關本身，詳細內容可上「內政部營建署」網頁查詢相關辦法。新北市政府也有補助方案，可上下方網頁查詢。

- 中央都市更新基金補助辦理自行實施更新作業須知

- 新北市協助民間推動都市更新補助要點

- 新北市政府辦理都市更新整建維護補助要點

🏠💲 建築容積獎勵

　　都更最吸引投資者的誘因非容積獎勵莫屬，透過都市更新，在法定容積率以外還能得到的額外容積率，稱為獎勵容積。獎勵容積最高有 50%，108 年 5 月都市更新容積獎勵辦法修法，將各項容積獎勵明確化，使得實施者更清楚容積獎勵。

　　舉例來說，台北市一塊 1,000 坪的住三基地，建蔽率 45%，容積率 225%，則基地之最大建築面積為 1,000×45% = 450 坪，最大建築容積樓地板面積總和為 1,000×225% = 2,250 坪，可以蓋 2,250÷450 = 5 層樓。建蔽率與容積率都是法定最大值，不超過就可以，你也可以調整建蔽率，選擇增高樓層的蓋法。

　　假如這塊地因為都更爭取到 30% 的容積獎勵，那要怎麼算呢？

　　$1,000 \times 225\% \times (1 + 30\%) = 2,925$ 坪，獎勵後的容積比獎勵前的容積多出了 675 坪，是不是就能多蓋一層以上了！

💲 容積獎勵額度

　　新修正容積獎勵辦法，將都市更新容積獎勵更明確化，茲將其概述如下：

1. 原建築容積高於基準容積→依原基準容積獎勵 10%
2. (1)有危險之虞應限期拆除→依原基準容積獎勵 10%
   (2)經結構安全性能評估未達最低等級→依原基準容積獎勵 8%
3. 提供公益設施→基準容積獎勵 30%
4. 協助取得公共設施用地→基準容積獎勵 15%
5. 古蹟、歷史建築保存、修復→獎勵建築物實際面積之 1.5 倍
6. 取得綠建築證書鑽石級→獎勵基準容積 10%
7. 取得智慧建築證書鑽石級→獎勵基準容積 10%
8. 取得無障礙住宅建築標章→獎勵基準容積 5%
9. 取得耐震設計標章→獎勵基準容積 10%
10. 時程獎勵：108 年 5 月 15 日起，5 年內實施都市更新者→獎勵基準容積 10%
11. 大面積都更獎勵：土地面積達 10,000 m^2 以上→獎勵基準容積 30%
12. 多戶數獎勵：更新前門牌戶達 20 戶以上→獎勵基準容積 5%
13. 違章戶獎勵→獎勵基準容積 20%

在 13 項的獎勵下，都市更新獎勵將非常容易達到獎勵上限的 50%。

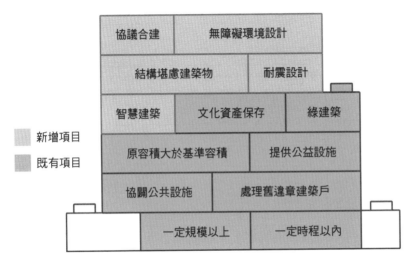

圖 3-27　新修正 13 項容積獎勵項目

資料來源：內政部營建署

💲 稅賦減免

都更的另一項好處就是能減稅。地價稅、房屋稅、土增稅、契稅方面的減免條件如表 3-1 所示。

表 3-1　都更給予的賦稅減免條件

項目	條件	內容
地價稅	更新期間土地無法使用	免徵
	1.更新期間可繼續使用 2.更新後二年	減半
房屋稅	更新後二年	減半
土地增值稅	1.實施權利變換 2.分配土地未達最小單元面積，改領現金 3.以土地或建物抵付負擔者	免徵
	1.依權利變換取得之土地或建物，更新後第一次移轉 2.不參加權利變換，領取現金補償	減徵 40%
契稅	1.實施權利變換 2.以土地或建物抵付負擔者	免徵
	1.實施權利變換取得土地或建物 2.更新後第一次移轉	減徵 40%

資料來源：台北市都市更新處

　　土地增值稅與契稅僅限以權利變換實施之都市更新案，才有優惠。

Q29 都更四部曲：何謂權利變換？

都更商機無限，撇開黑心建商偷工減料、財團圈地養地，以培養出一塊極有潛力的地段等問題外，都更的好處似乎真的多於壞處。但是，為何有人不想都更？都更有都更的優點，無可避免的，都更也有它的缺點，對文林苑王家來說，一輩子生活的回憶就可能隨著都更一起改頭換面。

何謂權利變換？

權利變換的意義

權利變換，簡稱權變，是指更新單元內重建區段之土地所有權人、合法建築物所有權人、他項權利人或實施者，提供土地、建築物、他項權利或資金，參與或實施都市更新事業，於都市更新事業計畫實施完成後，按其更新前權利價值及提供資金比例，分配更新後建築物及其土地之應有部分或權利金。

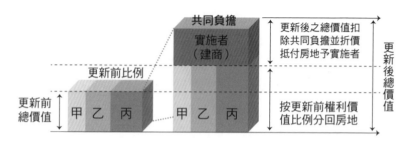

圖 3-28　權變前後的權利示意圖

資料來源：台北市都市更新處

權利變換流程

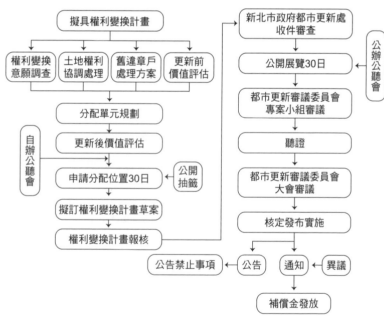

圖 3-29　權利變換計畫辦理流程

資料來源：新北市都市更新處

權利變換係透過公開、公正的方式,處理相關權利人的產權,其精神類似法制化的合建,流程如圖 3-29 所示。

權利變換基本原則

以圖 3-30 來作說明,更新之前,基地上有 ABCDE 五人,A 與 C 只有土地,B 有土地與建物,D 和 E 只有地上物,透過都更,採取權變的方式之後,依每人提供的權利價值與資金比例,分配房地。不想參與者,就用補償金的方式給予補償,就叫作權變。

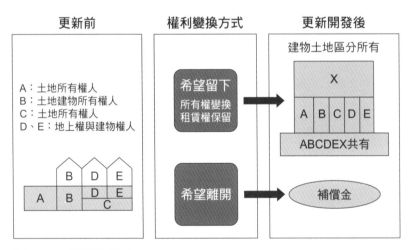

圖 3-30　權變示意圖

資料來源:台北市都市更新處

案例試算

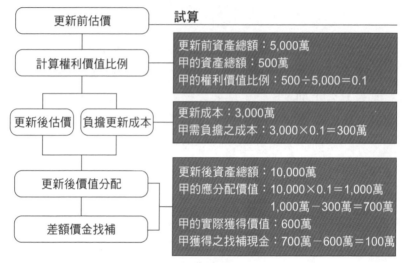

圖 3-31　權利變換試算流程

資料來源：台南市都市更新科

　　某個社區更新前的資產總額為 5,000 萬，甲的資產為 500 萬，甲的權利價值比例為 500 萬 ÷5000 萬＝ 1/10，工程費用 3,000 萬，甲要負擔 1/10 的工程款，也就是 300 萬，社區更新後資產總額為 1 億。

　　社區更新後的總資產變成 1 億，甲的權利比為 1/10，所以可以分得 1,000 萬，扣掉工程費 300 萬後，實際可以分配到的只有 700 萬，倘若甲分得一間 600 萬的房子，不足的 100 萬就用現金補足。如果房子剛好為 700 萬整，就不用找補。如果分到的房子有 800 萬，甲必須退還 100 萬的差額，這樣的一個過程就是權利的變換。

共同負擔

　　這個案例中，有兩方角色，一方為地主（所有權人），一方為建商（實施者），在辦理都市更新期間所產生的相關費用，由實施者先行支付，再由地主依更新後的房地折價抵付予實施者。

　　這筆相關費用由地主與建商共同負擔，而費用項目則要依「都市更新權利變換計畫提列共同負擔項目及金額審議原則」，由實施者在權變計畫書內提出，送交審議委員會審議，確認費用是否合理，以保障所有權人之權益。

　　共同負擔提列項目共有 7 項，包括：

1. 工程費用：
　　(1)重建費用（建築設計費用、營建費用、工程管理費、空氣汙然防治費、其他必要費用）
　　(2)公共及公益設施（公共設施、公益設施認養捐贈費用、捐贈本市都市更新基金）
　　(3)申請各項建築容積獎勵後續管理維護計畫相關經費與委辦費

2. 權利變換費用：調查費、更新前土地及建物測量費用、土地改良物拆遷補償費、占有他人土地之舊違章拆遷補償費、拆遷安置費、地籍整理費用、審查費用、其他必要業務費

3. 貸款利息

4. 稅捐：印花稅、營業稅

5. 管理費用：行政作業費用、信託費用、人事行政管理費用、

155

　　銷售管理費用、風險管理費

6. 都市計畫變更負擔費用

7. 容積移轉費用

信託管理

　　由於一筆建案資金動輒上億，為避免建商蓋到一半倒閉，或是因工程時間過長，地主可能面臨脫產、資金周轉不靈，導致土地無法使用之狀況，可以在事前將資金信託。信託對象主要有兩種，以下分別敘述：

1. 資金信託：

由受託人控管信託專戶資金動支情形專款專用於本工程，財務透明度提高，資金無法挪用。

2. 土地信託：

非強制之規定，因為更新期間較長，可利用信託財產獨立特性，排除部分地主因後來發生債務問題導致土地被查封，影響更新工程之執行。

信託的保障

- 興建資金由受託銀行控管，專款專用，增加透明度。

- 受託人須將信託財產分別管理。

- 屬於信託財產之債權（如銀行存款）不得與非屬信託財產之債務（如受託人自身之銀行貸款）互相抵銷。

- 依法信託財產不得強制執行，且信託關係不因委託人死亡、破產或喪失行為能力而消滅，故其信託之效力及於被繼承人。

權利價值

更新前後的價值認定，不是建商或是地主說得算，必須請三家以上的估價師進行估算，一般來說估算出的價格基本上不會有太大的落差。

權利價值，就是地主提供土地，交由建商來興建（出錢出力），協力更新單元內的土地與建物，完成後，更新前後的價值差異經由估價師查估，得出一定的分配比例，就叫做權利價值，更新前後的變換就叫權利變換。

他項權利的處理

都更若採權變的方式，有很多好處，其中一個好處就是可以解決很多物權及債權的權利，例如租賃契約，《民法》上有「買賣不破租賃」原則，就是保障房子的所有權轉移後，承租人的權益仍不受影響，能繼續承租的規定。但這個原則在權變方式內，就能被解決。

根據《都市更新條例》第 58、59、60、61 條之規定，權利變換計畫對於土地或建物有他項權利的處理，有很明確的說明，整理如下：

1. 租賃契約：

不能達原契約目的者，契約終止，承租人得請出租人賠償。

2. 地役權：

消滅，如屬有償，得請求所有權人賠償。

3. 合法建築物所有權、地上權、永佃權或耕地三七五租約：

所有權人自行協議處理，協議不成，實施者估定價值，於土地所有權利人應分配的價值範圍中，依比例分配。

4. 抵押權及典權：

自行協議消滅，或實施者列冊轉載，未分配或不願參與分配者，實施者在不超過原應得補償範圍代為清償或贖回。

中華民國不動產經營管理協會

誠摯邀請想擴展人脈、提升業績、創造絕對的財務自由的您，

加入協會，一起交流、分享！ 等您加入

不動產學習 ─ 建築考察 ─ 共同投資 ─ 吃喝玩樂

召集菁英，期待您的加入！

入會專線：**(04) 2293-5851**

台中會址：台中市西屯區文心路3段241號10樓

欲知更多資訊，請上官網查詢：http://www.twret.com

第 *4* 篇
合建、農地與共有土地篇

若想致富，除了懂門道，首要勝在贏得先機，
當人人都搶著要都更時，你其實還有其他選擇！
兄弟姊妹共有一筆土地時，要怎麼分讓你好困擾？
平凡又沒價值的農地，只能務農不能改建地？
政府強制徵收土地真的只能摸摸鼻子認賠嗎？
又或者，不想讓建商透過都更賺飽飽的話，
你還能如何替自己爭取最大權益？

這些問題都有解，了解箇中原因，土地投資這門學問也能輕鬆
學！

Investment in
Real Estate

Q 30 農地值得投資嗎？

　　一般人可能會以為，農地一定都在非都市地區，事實上，雙北市也有許多農地變建地的案例，而且大多集中在重劃區或捷運站附近，這些地方以前可能都是農地，由於都市發展的需求，逐漸開發起來。拿捷運來說，捷運沿線站體附近因為交通便利，農地變更為住宅區的機率就非常大，所以一旦政府有計畫興建捷運或捷運施工完畢，可以投資捷運站附近的農地，獲利的機會相當大。

$ 農地的認定

　　農地要變更為建地，由政府來變更會比較順利，但並非捷運站附近的土地就百分百肯定會變更為建地，有些捷運站體也可能規劃不變更，所以買地時，也要評估這樣的風險。

　　要投資農地就要先對標的物有一定程度的了解，比如該如何分辨這塊地是否為農地、農地的定義、認定，以及農地是否值得投資，都要有個概念。

農業用地的意義

　　要判斷一塊地是否為農地，就要去調閱地籍謄本，謄本上

的「使用分區」與「使用地類別」，就能讓你知道這塊地是不是農地、是不是非都市土地。

關於農業用地的定義，就法源來看，符合《農業發展條例施行細則》規定之農用土地、《區域計畫法》使用分區為農、林、養殖、水利、生態等之用地，或是經《都市計畫法》劃定的農業區，就是農業用地。

按照《農業發展條例》，實務上，如果實際為供作農業使用的土地，例如農民團體、合作農場、耕地等等，同樣視為農業用地。

非都市土地下，使用分區為特定農業區、一般農業區、森林區與山坡地保育區這四個分區，會被編入 19 種用地的「農牧」用地，為《農業發展條例》第 3 條第 11 款定下的耕地。

申請農用證明的好處

一般而言，農業用地在以下三個情況下需要申請「農業用地作農業使用證明書」，又稱「農用證明」：

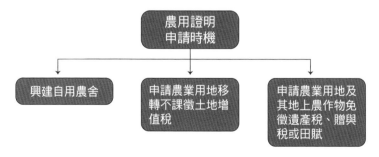

圖 4-1　農用證明使用時機

農地是暫不課徵土增稅，並非永不課徵土增稅

農地要移轉時，可以向該管單位申請農用證明，取得農用證明可以「免徵土地增值稅」。但如果無法成功申請到農用證明的話，地主，意即賣方，就要補繳持有農地期間未繳納的土增稅。這項原則有兩個重點，一是繳土地增值稅的人是賣方，一是僅為「暫不課徵」土增稅。

假設 A 買了一塊農地，耕作了 10 年後想把土地賣掉，於是申請了農用證明，並成功將地賣給王大明，A 免課徵這 10 年的土增稅。王大明取得土地，5 年後決定把這塊農地賣給王小明，但王大明賣地時沒有申請到農用證明，那他要補繳的年份除了自己擁有的這 5 年外，還要再加上之前 A 未繳的 10 年，一共要繳 15 年的土地增值稅！

這項糾紛很常出現，所以在進行農地投資時，切記務必要向賣方問仔細其農地是否有繳土地增值稅、有多久未繳納土增稅。

免徵遺產稅與贈與稅

如果你有一塊農地，想把地移轉給你的兒子，這時候也要申請農用證明，未能取得農用證明，就必須繳納土增稅與贈與稅，因為農地有許多節稅的空間，這也是為什麼很多人投資農地的原因。

農業用地興建農舍時可免徵房地合一稅

買農地可以蓋農舍，只要興建前能取得農用證明，除了農地不用課徵土增稅外，農舍移轉也不會被課徵房地合一稅。

Q *31* 蓋農舍有什麼條件限制嗎？

投資農地其實有很多限制，很多稅賦免於課徵的前提都是要有土地作農業使用的事實，因此，如果目的是想靠買賣農地轉手賺差價或在農地上蓋民宿的話，該如何取得農用證明是比較棘手的地方，也是農地投資中的一項風險。

農業設施的認定

依據《農業用地容許作農業設施使用審查辦法》，農業設施包含農作產銷、林業、水產養殖、畜牧、休閒農業五項。農業設施有這些種類，所以你在農地上蓋農場，放牧幾隻羊舉行餵食秀，或是蓋起小木屋提供住宿，都可以認定為農業設施，而非農舍。

在此先來解釋一下農業設施與農舍的差別。要蓋農舍必須先通過農地農用的審核，取得農用證明，審查過程中，地上若出現任何未經核准的農業設施，就無法通過審核。如果想興建農舍，農地上只能有農作物，或是取得容許使用的農業設施。

若要在農業用地上興建有固定基礎的農業設施，要先申請農業設施之容許使用，並依法申請建築執照。但農業設施面積在 45 平方公尺以下，且屬一層樓之建築者，免申請建築執照。

農業設施若是屬於無固定基礎的貨櫃屋,則免申請建築執照、免申請容許使用。

表 4-1 農業設施申請條件

	基礎	面積	建築執照	使用容許
農業設施	無固定	貨櫃屋	✗	✗
	固定	45 m² 以下	✗	✓
		45 m² 以上	✓	✓

🏠$ 興建農舍的要件

農舍申請人資格認定

興建農舍的申請人規定必須是農民,因此對於農民資格的認定上我們也要了解。農發條例修法後對於農民資格的認定有更嚴謹的規定,修法之前只要農民自行切結認定即可,修法後資格認定趨向嚴格,要由當地主管機關核定資格。修法前,農舍移轉的時間沒有限制,修法之後,農舍移轉要在取得使用執照滿五年後才能移轉。

表 4-2 農民資格認定條件

資格認定取得時點	農民資格認定	農民資格應符合條件	農舍移轉時間之限制
《農業發展條例》修正前取得之農地	申請興建農舍時,申請人自行切結:「實際從事農業生產且無專任農耕	自行切結負責	無

	以外之職業或勞動工作」		
《農業發展條例》修正後取得之農地	申請興建農舍時，由縣（市）政府主管機關核定資格，並取得核准文件，始得申請	1. 年滿 20 歲或未滿但已婚 2. 戶籍與農地須在同一縣（市），且登記均滿 2 年 3. 申請興建農舍的該筆農地不得小於 0.25 公頃	自使用執照完成日起，滿五年始得移轉

移轉時間的認定

根據《農業發展條例》第 18 條之規定，沒有自用農舍而須興建者，經主管機關核定，在不影響農業生產與農村發展的前提下，可以申請在自有農業用地興建農舍，滿五年始得移轉農舍，但因繼承或法院拍賣而移轉者，不在此限。

也就是說，如果你買到農地並取得蓋農舍的資格，要拿到使用執照的五年後才能轉賣。但如果你買的農地上已經有蓋好的農舍，轉賣時間就沒有五年的限制。

表 4-3　興建農舍的資格限制

農地取得時間	89.1.4 前 （農發條例修正前）	89.1.4 後 （農發條例修正後）
農民設籍限制	無	取得農地滿 2 年，且設籍滿 2 年

農地面積限制	無	2,500 平方公尺
農舍移轉限制	無	1. 使用執照滿 5 年 2. 第二手則無限制

💲 買農地的風險

如果買進的農地上已經蓋過農舍，那麼還能不能蓋農舍？答案是不行，因為這塊地的容積已經被用完，建蔽率都算進去，可以蓋的面積已經被用完，即便地上空無一物，一樣不可以蓋。

所以投資農地的時候，一定要先查清楚兩件事：

首先，一定要確定農地前任土地所有權人，究竟有幾年沒繳土地增值稅，以免日後要轉手時，才發現自己可能要補繳 10 年或 15 年的稅，求償無門。有些人貪圖便宜，看到農地一坪才 3 萬，心想便宜就買下，但可能這塊地已經有 30 年沒繳稅，那你就準備當冤大頭，幫人繳這些陳年舊帳吧。

其次，一定要確定農地是否有「被配建」，想知道土地有沒有被配建過，可以去建管處查看，如果不曉得怎麼查，可以請賣方切結這塊地沒有被配建過，如果有，對方必須賠款。

以上兩點務必都搞清楚了，再來決定要不要買農地。

但是為了農地農用之目的，以及愛護台灣、保護農地的出發點，除非是真心想要經營農業或農場相關行業，才建議去買農地，投資農地或是炒作農地都是極不可取的行為，因為會使真正有需求的農民買不起農地。

共有土地要怎麼分才公平？

　　爭家產的新聞，時有所聞，兄弟姊妹之間，常因家產分配不均而鬧上法院。假設你家有四個兄弟姊妹，平常只有你獨自照顧老母親，等到母親過世後，其他兄弟姊妹都回來跟你一起爭奪鉅額遺產，而且還要求均分，你覺得這樣合理嗎？如果不合理，那又該如何替自己爭取最大的權益呢？

🏠 共有土地投資攻防戰

　　像上述這樣的情況，其實屢見不鮮，土地只有一塊的情形下，若數名有繼承權的人無法同意均分土地的情形下，可以主張以「公同共有」的方式來辦理繼承登記。

　　假若家族有好幾百人，就可以採用「祭祀公業」的方式，推選少數管理人來共同管理祖先留下的土地資產；反之，家族人數如果只有 4、5 人，而其中一人覺得均分不公平，又達不成協議的話，就可以主張土地為公同共有。

　　遇到這樣的紛爭，最完美的解決方式就是把地賣掉，然後按人數去分配賣地費用，不過可能又因為牽扯到分配比例的問題而爭執不休，這就是共有土地最常遇到的狀況。

祭祀公業

　　祭祀公業，是台灣一種獨特現象，就是由後人共同持有先人留下的土地或物業，並推選管理人員進行管理，每年向家族成員收取租金或利息作為掃墓或祭祖的費用，因為祭祀公業的成員多為同姓宗親或親戚，人數眾多，且涉及土地產業問題，常常因派下權不平而引發紛爭。

共有土地的類型

　　共有土地，因為無法輕易進行產權分配，而有以下三種持有方式：

1. 公同共有：根據《民法》第 827 條，有共同關係的數人，共同擁有同一物件者，我們可以稱他們為公同共有人。每個公同共有人都擁有對共有物的權利，每個共有人之應有部分推定為均等。

2. 分別共有：按《民法》第 817 條，數人按其應有部分，共同擁有某一物的所有權者，稱為共有人。但每個共有人享有的權利並不均等。

3. 分別共有與公同共有具在：有些土地同時存在「分別共有」、及「公同共有」的情況，例如 A 持有 1/4，而 BCD 公同共有 3/4。

　　舉例來說，ABCD 四個人共有一塊地，若四人同意主張分別共有的話，意思就是每個人都能平均分得 1/4 的地；若四人

無法達成分別共有的共識,欲採取公同共有的方式,表示每個人分得的土地比例並不均等,有可能 A 有 1/4,B 有 1/5,C 有 1/3,D 持有剩下的部分。也就是說在還沒達到共識前採用「公同共有」方式,達到共識後才能以「分別共有」方式確認每人的持分,以上的情況也適用在房子上,房子不能拆分成四等分或五等分,除非變現,否則它就同土地一樣是單一個體,無法被切割。

共有土地下,有些決定由不得你

共有土地之下,共有人對土地的處置方式可能會有不同的意見,有些人想賣掉變現,有些人想將地保留,遇到這種狀況、雙方又無法達成共識的話,這塊地是否就永遠不能開發了呢?為了促使土地有效的利用,《土地法》第 34 條之 1 給出了答案,「共有土地或建築改良物,其處分、變更及設定地上權、農育權、不動產役權或典權,應以<u>共有人過半數及其應有部分合計過半數之同意行之。但其應有部分合計逾三分之二者,其人數不予計算。</u>」

意思就是,共有面積超過 2/3 的情況下,就能進行變更或處分,同意人數即不列入考慮。或是,在同意人數與面積都過半的情況下,也能進行變更或處分。

若 5 個人分別共有一塊地,每人持分都是 1/5,只要其中 3 個人同意賣掉,其他 2 人也得要同意,因為已經過半數,賣掉的費用中,再把給 2 人的錢辦理提存,等 2 人去提領。

　　這個交易中，代書雖然只有同意的 3 個人的權狀與印鑑，由於「人數過半且面積過半」，因此即便沒有另外 2 人的權狀與印鑑，還是能直接過戶給買方，一旦簽約後，買方就會付款給同意的 3 人，代書再幫買方辦理提存給另外 2 人的費用，法院與銀行確認買方提存的動作確實後，代書拿著提存證明，以及三人的印鑑證明權狀，直接把土地過戶到買方，買方拿到的權利範圍為全部。另外 2 人的土地權狀雖然沒了，但任何時候都可以去提領提存的金額。

不想被強迫的人，該如何反擊？

　　如果你是那少數的反對者，這邊有些辦法提供給你參考。第一，你可以增加人數，提高反對的門檻，讓對方的同意比例降低，增加其困難度。第二個方法，把自己土地設定地上權，所謂設定地上權，就是讓其他人行使在你土地上的一切權利，一旦這塊地設有地上權，買家就會因為不能開發而打退堂鼓。第三個方法，寫存證信函至地政事務所，表示這塊地還有產權糾紛，要求不准過戶。最後一招，主張行使優先購買權，土地共有人有優先承購的權利，所以當其中一人想賣出的時候，你就可以以同一價格優先買下，這時候你的持有面積增加、持相反意見的人數減少，對於不想被強迫改變的人而言，是非常好的一記反擊。

限制登記，能夠抵抗共有土地強制過戶嗎？

　　沿用前例，為了抵擋強制過戶，其中一人去辦限制登記的

動作，查封或假扣押自己的土地，即便如此，法院還是會看是
否有妨礙禁止處分登記的情形，如果沒有，還是可以辦過戶。

$ 共有土地的處分與變更之注意事項

共有土地之處分

　　共有面積超過 2/3 或同意人數與面積都過半的情況下，就能
對共有土地進行處分、變更與設定地上權、永佃權、地役權或
典權。關於處分這個部分，「……本法條第一項所稱處分，指
法律上及事實上之處分。但不包括贈與等無償之處分、信託行
為及共有物分割」。

　　處分又分法律與事實的處分。法律上之處分，指得是買賣、
交換、設定地上權、永佃權、地役權或典權。事實上之處分，
是指拆除重建，或出具土地使用權同意書。

　　「……不包括贈與等無償之處分、信託行為及共有物分割」
這句話是說，你可以把地賣給建設公司，但是不能捐贈給孤兒
院，贈與或捐贈會損及其他共有人之權益，所以不能贈與。信
託也是，信託又分為「自益信託」與「他益信託」，同樣影響
其他人之權益者，也不能作此處分。

共有土地之變更

　　「共有土地或建物標示之分割及合併，有本法條之適用。」
分割有兩種，一種是意義上的分割，用標示的方式來分割，類
似地號效果，但實際權利並沒有改變。另一種就是實質上的分

割。

　　舉例來說，一塊土地的地號是 3 地號，現在把這塊土地作標示分割成 5 等分，每個等分就能標示成 3-1、3-2、3-3、3-4、3-5 共 5 個地號，ABCDE 各持有均等的 1/5，就叫標示分割。標示分割可以執行，是因為 5 個人裡面有 3 個人說好就好，由於沒有侵害到另外兩人的權益，每個人的權益都沒有受損，所以標示分割上的變更是可以被執行的。

3地號				

3-1	3-2	3-3	3-4	3-5

圖 4-2　ABCDE 分別共有　　圖 4-3　標示分割

Q33 共有土地賣給自己人，可以直接過戶嗎？

當數人共同持有土地時，攻防戰便已開始上演。其實共有土地最好的方式就是分割。

共有土地分割有分三個層次，第一是先進行協議分割，如果能達成共識最好。如果沒有結果，就要進入第二層面，就是上法院，由法官進行裁判分割，法官會找估價師來估價，確認每個所有權人的權益，再行分割。

最後一種叫做變價分割，如果兄弟五人共有一間 10 坪的小套房，總價不高，協議也分割不了，請法官裁判分割，法官可能說只有 10 坪沒辦法分割成 5 等分，那就將套房賣掉，換成現金，這叫變價分割。

共有土地相關的重要觀念

限制登記與預告登記的效果

若土地共有人所持土地受到法院的查封、假扣押、假處分或破產登記，可能妨礙執行共有土地過戶處分時，登記機關會先跟法院確認是否會妨礙禁止處分的登記情形。如果不妨礙，法院就會把原本的限制登記情況轉載、重新登記，並通知相關

債權人。

　　若土地共有人所持土地有被預告登記之情形，且涉及對價或補償的關係，提存時，提存書要檢附預告登記請求人的同意書跟印鑑證明。

事先書面通知其他共有人

　　若超過門檻的土地共有人要處分、變更或設定負擔時，事先要用書面通知其他共有人。一般以通知書或存證信函來通知，也可以用公告的方式，由村、里長簽證後公告村里周知，或採登報的方式。

　　當書面通知被大樓管理員簽收那刻起即發生送達效力！

事先通知的時機

　　《土地法》第104條提到，「基地出賣時，地上權人、典權人或承租人有依同樣條件優先購買之權。房屋出賣時，基地所有權人有依同樣條件優先購買之權。其順序以登記之先後定之。前項優先購買權人，於接到出賣通知後十日內不表示者，其優先權視為放棄。出賣人未通知優先購買權人而與第三人訂立買賣契約者，其契約不得對抗優先購買權人。」

　　事先通知其他共有人的時機，就在「簽約後、過戶前」，但為什麼是在簽約後才通知相關人？因為沒有簽約，就有可能發生無數的變化，有可能買方臨時反悔，不簽約了，那就無須通知其他共有人。所以事先是指簽約後，你已經跟建設公司簽好約，在正式過戶前，再詢問看看有沒有人要行使優先購買權。

其他共有人的對價或補償關係

《土地法》第 34 條之 1 提到，「第一項共有人，對於他共有人應得之對價或補償，負連帶清償責任。於為權利變更登記時，並應提出他共有人已為受領或為其提存之證明。其因而取得不動產物權者，應代他共有人申請登記。」

意思就是說，如果你是處分土地的主要發起人，其他共有人應得的補償你有連帶清償的責任，若其他共有人在提存發生問題時，對方可以找你負責，而且補償金額沒有上限。

比如說，你與四名兄弟 ABCD 共同持有一塊地，其中 AB 與你跟建設公司談好以 1 億的價格賣出，則每個人平均分得 2 千萬（1 億除以 5），AB 與你個別收到 2 千萬，CD 兩人份的補償價金共 4 千萬在提取時遇到問題，無法順利提取，因此 CD 跑來要求你負責，你不能以只有收到 2 千萬為由支付 CD 2 千萬，而是要全額負擔，也就是支付 4 千萬的補償金，但可以要求 AB 與你共同負擔。

優先購買權的認定與限制

《土地法》第 34 條之 1 亦提到，「共有人出賣其應有部分時，他共有人得以同一價格共同或單獨優先承購。」

所謂的優先購買權，就是享有優先購買的權利，接到書面的出賣通知後 10 日內如果沒有任何表示，視同放棄。

另外，優先購買權是屬於債權性質，出賣人違反這個義務將土地賣給第三方，其他共有人認為對自己的權利有所損害時，

可依法向該出賣人請求損害賠償。

　　其他共有人有優先購買權,因此如果有多人同時主張優先購買時,優先購買權應按各主張優先購買應有部分的比率來決定。

　　「公同共有」下的房地產若以多數決售出只能賣給第三方,不能賣給其中一個共有人,若要賣給公同共有人,須全數同意始可售出。

　　公同共有賣給第三方,人數和面積過半或面積超過 2/3 同意,就可以。但若要賣給自己人,必須先轉成分別共有,且要全數同意,才能過戶給自己人。

Q34 何謂合建？

在建商、投資者的眼中，都更帶來的利益是非常誘人的，但除了都更，其實還有一種更新房屋的方式，就是合建，我們現在就來看看都更與合建的差異吧！

合建的種類

簡言之，合建就是由地主提供土地，建商提供資金，雙方合作興建房屋，完工後雙方依照約定比率分配房屋或所得，合建的種類有「合建分屋」、「合建分售」、「合建分成」與「委託興建」四種。以下將分別介紹。

一、合建分屋

所謂合建分屋，是指建商提供資金，地主提供土地，雙方合作建屋，並就分得之部分，各以自己名義登記為起造人，而於興建完成後按約定比例分配房屋及應計之土地持分，雙方各自銷售。

採合建分屋的方式，即表示建商跟地主各自擁有部分的房子與土地，買賣的時候只須要一本土地及房屋預定買賣契約書，由於賣方不是地主就是建商，故此種合建方式只需要簽訂一本

合約即可。

　　合建分屋就是建商拿房子跟地主交換土地，地主則拿土地跟建商交換蓋好的房屋，至於分配比例可能是五五分或六四分不等，需要看土地的使用分區、坐落及當地房價等因素來決定，假設地主與建商為六四分，表示地主可以分到 6 成的房子，建商分到 4 成的房屋。

　　合建分屋的方式包括水平分屋、立體分屋與分棟分屋三種分法：

1. 水平分屋：

　　水平分屋法是指，假設蓋好的大樓共有 12 層樓，1 樓至 6 樓為地主所有，7 樓到 12 樓為建商所有，以樓層面來劃分。水平分屋容易起爭議之處在於建物的 1 樓是否有店面價值，由於 1 樓店面的房價高，地主多半會要求 1 樓往上分的水平分屋方式；倘若 1 樓不具店面價值，則地主泰半會爭取由頂樓往下分，因為高樓層的景觀好，房價也較高。如果是由傳統的四層公寓進行合建，且每層公寓所有權人都不同，則原 1 樓屋主多半會希望未來能分配到 1 樓的房屋，原 2 樓屋主會希望分配到 2 樓，以此類推，如圖 4-4。

2. 立體分屋：

　　假設蓋好的大樓為一棟 12 層樓之雙併建物，每一層有 A、B 二戶，建商分得 A1 至 A12 樓，地主分得 B1 至 B12 樓，此分法即為立體分屋法。在實務上，立體分屋法的爭議僅次於分棟法，如圖 4-5。

3. 分棟法：

　基地較大，能同時蓋好幾棟建物時，這時候就可採用合建分棟的方式。假設蓋好了ABCD四棟建物，地主就分其中兩棟，建商分另外兩棟建物。因為各自管理各自的建物，因此分棟法在實務上的爭議最小，如圖4-6。

圖 4-4　水平分屋　　　　　　　圖 4-5　立體分屋

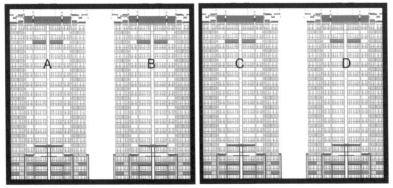

圖 4-6　分棟式，同立體分屋圖

二、合建分售

　　所謂合建分售，則是由建商銷售房屋、地主銷售土地的合作建屋模式，但與合建分屋模式不同的地方在於買賣時，買方要分別跟地主簽訂「土地買賣契約書」，跟建商簽訂「房屋買賣契約書」，分別向地主支付土地價款，向建商繳付房屋價款。

　　雖然同樣是地主出土地，建商蓋房子，但是合建分售是要分別跟地主與建商簽約，故買方會有「兩本合約──土地買賣契約書及房屋買賣契約書」，因為地主與建商各自擁有土地與房屋，須分別簽約。

　　合建分售雖然對買方略有不便，但對房地合一稅制中舊制的地主卻有較大的節稅空間，因為土地交易時就已課徵土地增值稅，所以營業稅、所得稅、盈餘分配稅基本上會課徵較少。

三、合建分成

　　所謂合建分成，是指建商與地主雙方合作建屋，雙方約定好分配金額的比例：賣方為地主與建商二人，與買方簽訂「一本合約──土地及房屋買賣契約書」，最後賣方（地主與建商）再按分成比例分配銷售總額。

　　假設 1,000 萬的房子，地主與建商約定好以 64 拆帳，地主 6 成，建商 4 成，那麼成交之後，地主可以分到 600 萬，建商分到 400 萬，換句話說，每一筆成交金額最後都會按比例拆分給兩個賣方。

四、委託興建

委託興建比較少見，是指地主全權委託建設公司蓋房子，並且支付營造管理等費用，實務上願意承接這種個案的建商比較少。會採用這種方式的原因在於地主不懂實務流程，因此委託建設公司來協助他做經營管理、找建築師、找代銷公司、找團隊等等，而不只是單純營造發包而已。

委託興建的重點在「工程造價」，建商可先確認工程造價之後再加上合理利潤，即為雙方的共識價格。

表 4-4　四種合建方式的特性及差異

類型 項目	合建分屋	合建分售	合建分成	委託興建
定義	雙方按比例分配房屋，個別出售房屋	雙方按比例分配售屋：地主賣土地，建商賣房屋	雙方按比例分配售屋金額	地主出土地與資金委託建商蓋屋
性質	交換性質	合夥性質	合夥性質	發包性質
合約	1 本	2 本	1 本	1 本
賣方簽訂對象	地主或建商	與地主簽土地合約；與建商簽房屋合約	地主及建商	地主
爭議性	水平分屋＞立體分屋＞分棟法	無水平分法，對樓層價差有爭議	對於分成的計算方式雙方互不信賴	雙方重點在造價，利潤合理即達成共識

🏠$ 都市更新與合建有何不同？

「都市更新」一定是「合建」，但「合建」不一定是「都市更新」。

許多建案開始進行土地開發時，初期都是跟地主以「合建」的方式進行，但是採合建的方式須取得全部地主的同意，亦即同意比例須達到 100% 才能興建開發，由於地主意見不易整合，故後期的開發方式便改以同意比例只須 80% 即可進行的「都市更新」方式。

合建和都更最主要的差異就在同意比例。此外，在都市更新方面，政府可以執行代為拆除建物的工作，公權力可以介入，稅負上能有優惠及減免，可以破除「買賣不破租賃」的法律問題，以及容積獎勵，另外，關於整體開發計畫、地主補償及分配房型都記載於權利變換計劃書中，地主間減少猜忌，使全案開發整體透明度提高，加速整合開發的進度等，這些優點都是合建所無法提供的。但是無論是都更還是合建，其實都各有各的優點，就看你覺得哪個方式適合你的建案。

表 4-5　都市更新與合建的優缺比較

項目	都市更新（權利變換）	合建
拆屋	1.同意門檻要達 80% 2.政府可代拆	1.同意門檻要達 100% 2.政府不能代拆
稅賦減免	有（土增稅、契稅、地價稅、房屋稅）	無
獎勵容積	有（最高 1.5 倍獎勵）	無

登記	逕為登記	無
補償費	透明	不透明
透明度	高	低
糾紛	少	多

　　對地主而言，自己辦都市更新或跟建商合作辦合建，兩者有何區別呢？最主要的差異就在資金來源。

　　民間自辦都更的話，實施者就是地主，因此地主須籌措資金、自組更新會，處理都更一切事宜，只將營造工程發包給營造廠，因為沒有建商涉入，所以都更取得的獎勵、坪數利益均歸地主。合建的話，是地主提供土地、由建商出資來蓋房子，因此實施者為建商，建商除了負擔建築成本，也會加上自己的合理利潤，因此會影響地主分配到的坪數，但一切的事務及工程施工原料漲價的風險都由建商來承擔。

表 4-6　民間自辦都更與合建的差異

項目	民間自辦都更	合建
資金來源	地主	建商
實施者	都市更新會	建商
實際取得之坪數	地主自辦、無建商涉入，因此地主分配到的坪數較多	依建築成本與合理利潤計算後，地主分配到的坪數較少
房屋售價	無品牌加持，無法提高	有品牌加持，有提升的空間
屬性	地主自地自建	建商幫你處理

Q35 合建契約有哪些注意事項？

採合建模式的話，建商需要籌措的資金就不用太多，但由於地主與建商都是建案的「股東」，因此延伸出的產權、權利分配等問題其實不比都更簡單，以下就合建關於簽約細節的部分進行分析。

💲 合建契約中雙方的責任與關係

地主與建商要簽合建契約，合建契約屬債權契約，非物權契約。在遇到交易、不當得利、侵權行為等情況時，即產生債權行為，可向對方請求給付。物權契約則是關於所有權的轉移、抵押權的設定等，具有絕對排他的效力。合建契約簽訂之後，地主與建商雙方即產生債權關係。

簽約的過程中有可能會發生以下幾種情況：

1. 當簽好合建契約後，如果地主再將土地賣給第三方，這時候建商就可以向地主提告，為了避免這種狀況發生，最好先將土地信託，如此一來，便可避免由於地主其他債務影響了該筆土地的權益。

2. 地主將土地出租給第三人，形成租賃租約還未到期、土地有人占用的情況，但合建契約又約定由建商來處理，實務上很

多這樣的情況，但是建商處理地上物占用的問題立場比較薄弱，無法排除出租的第三人（買賣不破租賃原則），但如果是用都市更新方式就可以解決租賃問題。

3. 建商需要擔負保固責任：根據《民法》第 492 條之規定，建商要負瑕疵擔保責任。

4. 若遇到土地所有權人過世，而繼承人不繼續履行合建契約的情況，這種情況也可能發生，所以應在合建契約中載明合建的效力溯及繼承人。

5. 也可能遇到土地遭其他債權人查封或假扣押之情況，因此最好在簽約時同時先將土地信託。

保證金的交付與返還

為了確保建商有足夠的資金從事興建，以及一旦發生建商無法如期完成建造、造成地主損失時，地主可要求建商提供一定合理的金額作為保證金。例如，地主原有的建築物已拆除、但建商蓋一半便落跑的話，保證金便能作為地主的補償。

建商支付的保證金額以每坪市價的 10% 計算，分三期支付地主保證金。在所有權人簽訂合建及信託契約，契約完成後 7 日內給付第一次的 1/3 金額。在所有權人全數搬離完成後 7 日內給付第二次的 1/3 金額。開工後 7 日內繳清剩餘的 1/3 作為第三期。

另一方面，建商完成以下幾個設施後，就能收回保證金。完成一樓樓板時收回 1/3，結構體完成時收回 1/3，發使用執照時收回最後的 1/3。

簽約重點

　　如果沒有在事前就做好約定，事後容易發生許多糾紛，且又無憑據，經常導致地主無法依法追究。如果不事先就談好違約事項，讓雙方了解違約可能受到處罰，有一方很可能會輕易違約，因此簽約時，以下五點需要特別注意：

一、甲方身分確認

　　簽約時，須確認地主（意即甲方）是否為本人，如不是本人是否有授權書，且授權書用印的章須是印鑑證明的章。

二、分配方式

　　蓋好後房屋的分配是要水平分、立體分還是分棟分，這都要事先就談好，最好的選房時機點建議等到建照核准之後再進行選擇，如有差額時於交屋再找補。至於露台，其價格基本上以坪數價格的 1/3 來計算，因為露台不含天花板與兩片隔間牆。最後，如遇到重複選房的狀況，可以用抽籤來決定，以示公平。

三、地主的義務與權利

- 合建是地主出地，讓建商拆除老舊房舍，重新起建，倘若屋主有跟銀行申請房貸，那建商在拆房之前，要請屋主出示銀行的同意書，表示同意轉貸。還有他項權利的塗銷時機、有沒有抵押權，有的話金額多少、有無其他連帶保證、可否代償、還款金額等等，都須跟地主一一確認。

- 除了地上物該怎麼處理外，還必須考慮出入的道路是不是既成巷道還是計畫道路、確認界址等問題。

- 起造人要用誰的名義。如果用地主當起造人，地主就是房屋（保存登記建物）的所有權人，不用過戶，因此能省下「契稅」。但實務上多由建商當起造人，由建商當保存登記建物的所有權人，等拿到權狀之後再過戶給地主，此舉能給建商較高度的自由，但缺點是必須多花一筆「契稅」與「代書費」。

- 建商可以跟地主討論是否可以做土地融資，地主如果願意，建商就能拿土地去融資，融資金額就能作為工程款，降低建商出資的金額。

- 土地合併的問題：一般來說，合建的土地可能有好幾筆，為了未來方便過戶，無須過戶多筆的土地權狀給承購人，故會將數筆土地合併成一宗土地，承購人交屋時只需要領到 1 筆土地所有權狀及建物所有權狀，故有數筆土地合建時需要先辦理土地合併。

- 房租補貼：合建施工期間大約為 2 至 3 年，原屋主因為施工期間要在外面租屋，這段期間產生的花費通常建商都會有補貼，稱為房租補貼。

四、稅金分擔

在稅金分擔的部分，原則上，簽約前由地主負擔，簽約後則按照合建比例由地主與建商分攤。一般情況下，地主要付的

稅金有土地增值稅、房屋稅與地價稅；建商要付的稅金有契稅、登記規費、印花稅與代書費。

拿土地增值稅為例，明文規定是由地主也就是賣方來承擔，但地主的立場是希望照合建比率來分，從建商的立場來看，簽約前應由地主支付、簽約後按照比率來分攤，但有些地主會認為自己繳了土地增值稅，是因為合建契約所造成，所以也要求建商照比率來分攤，這部分都需要事先說清楚。

五、地主有數名時

原則上，從擁有位置條件最好的地主先簽約，一旦簽成，往後跟其他地主談條件時，建商的說服力與立場都能增加。一般地主都不願第一個簽約，擔心簽約時有什麼細節沒注意到，因而被建商吃定、綁死，這時候可以用協議書的方式，增加一條「須達一定同意比例，此合約方能生效」，解除對方戒心。

如果一間合建屋，屋主有數名，有人臨時反悔的話，合約還有無效力？根據《土地法》第 34 條之 1 第 1 項：「共有人過半數及其應有部分合計過半數之同意行之」、「但應有部分合計逾三分之二者，其人數不予計算」，即為共有物「多數決」原則之確立。

如果已達「人數過半及應有部分過半」之門檻，則其他人可以多數決方式，與建商簽訂合建契約書。

何謂房地合一稅？

1 05 年 1 月 1 日起，買賣不動產交易所得稅獲利的部分政府要課稅，也就是房地合一稅制，於 110 年 7 月 1 日正式實施房地合一稅 2.0 版，但何謂房地合一稅？對我們投資不動產又有何影響，以下將詳細介紹。

🏠$ 房地合一課徵所得稅制

房地合一稅即不動產的「交易所得稅」，當出售房地產有獲利時，才需要繳稅，由於稅基採用「房地合一」的計算方式，所以又稱「房地合一稅」。105 年 1 月 1 日後，因出售房屋而獲利者，採用新制。105 年 1 月 1 日之前取得房屋則用舊制。

表 4-7　新舊制房地稅之申報差異

舊制（房屋交易所得稅）	新制（房地合一稅）
土地：要課土增稅 房屋：獲利要併入綜所稅	售屋獲利扣除土增稅後，合併申報，不計入綜所稅

表 4-8　新制改革重點

舊制	新制
• 房屋評定現值 • 房地分開課稅 • 併入綜所稅 • 無免稅額	• 改為實價課稅 • 房地合併課稅 • 與綜所稅分開課稅 • 自住滿 6 年，可免稅 400 萬額度，超過部分以 10% 課徵

房地合一稅 2.0 適用稅率

持有 2 年以內的稅率是 45%，5 年以內是 35%，5 年以上 10 年以內則是 20%，持有超過 10 年則為 15%。

「房地合一稅」的課稅稅基如下：

賣價－買價－相關費用－土增稅漲價總數額＝獲利金額（稅基）→新制

土增稅漲價總數額，就是買進當時的公告現值與現在的公告現值相減，再乘上物價指數，就是兩個時期之公告現值的差額。

交易所得稅計算公式如下：

獲利金額（稅基）× 稅率＝交易所得稅

房地合一稅 2.0 注意事項

1. 取得時間：

如果 105 年 1 月 1 日以前取得所有權者，售屋採舊制（即房屋交易所得稅）。如果在 105 年 1 月 1 日後取得所有權者，則適用新制。

2. 自住減免：

- 個人或配偶、未成年子女設有戶籍，持有且居住連續滿 6 年，且無供營業使用或出租。
- 課稅所得在 400 萬以下免稅，超過部分課徵 10%。
- 6 年一次為限。

3. 重購退稅：

意思是說，賣掉舊屋購入新屋時，可以申請退回賣舊屋時所繳納的房地合一稅，用以貼補買新房子土地總額價款的差價。新制關於重購退稅之比例有三項規定：

- 若換大屋全額退稅
- 換小屋按比例退稅
- 重購後 5 年內不得改作其他用途或再行移轉。

房地合一稅 2.0 的 5 個重點

1. 法人比照個人課稅：

營利事業依持有期間按差別稅率分開計稅，防止個人藉設立營利事業短期交易來避稅。

法人	持有期間 適用稅率	現制	修法後
境內	45%		2 年以內
	35%		超過 2 年未逾 5 年
	20%	未區分期間	超過 5 年
境外	45%	1 年以內	2 年以內
	35%	超過 1 年	超過 2 年
申報方式		合併計稅 合併報繳	分開計稅 合併報繳

2. 擴大房地課稅範圍：

增列兩項課稅標的，防止透過移轉型態來避稅。

- 交易預售屋及其坐落基地。

- 交易持股（或出資額）過半數營利事業的股份（或出資額），且該營利事業股權（或出資額）價值 50% 以上是由我國境內房地構成。

    ※ 交易未上市櫃股票已課房地合一稅者，免按所得基本稅額（AMT）課稅。

3. 土地漲價總數額增設減除上限：

防止利用土增稅與所得稅的稅率差異來避稅。

課稅基礎＝房地收入－成本－費用－土地漲價總數額
減除上限＝交易當年度公告土地現值－前次移轉現值

4. 四種交易不受影響：

維持稅率 20%	個人及營利事業非自願因素（如調職、房地遭強制執行）交易
	個人及營利事業以自有土地與建商合建分回房地交易
	個人及營利事業參與都更或危老重建取得房地後第一次移轉
	營利事業興建房屋完成後第一次移轉
維持稅率 10%	自住房地持有並設籍滿 6 年（課稅所得 400 萬元以下免稅）

5. 110 年 7 月開始施行：

房地合一稅 2.0 適用於：個人及營利事業自 110 年 7 月 1 日起交易 105 年 1 月 1 日以後取得之房地。

資料來源：財政部

Q37 何謂地價稅、房屋稅、土增稅與契稅？

$ 房屋稅

　　根據《房屋稅條例》，房屋指得是固定於土地上之建築物，供住宅、營業或工作之使用，另外，會增加房屋使用價值的建築物，也要課徵房屋稅。簡言之，只要土地上有建築物者，不論是否為違章建築，都要課徵房屋稅。每年的 5 月 1 日至 5 月 31 日為繳交房屋稅的期間，依據建物的用途課以不同的的稅率：

計算方式：

1. 住家：房屋現值 ×1.2%
2. 營業：房屋現值 ×3%
3. 非住家、營業：房屋現值 ×2%

$ 地價稅

　　已經規定地價之都市與非都市土地，除依法課徵田賦者外，均應課徵地價稅。地價由縣市主管機關分區調查計算而公告規定，稱為公告地價。每年課徵一次，依自用與非自用課徵不同的稅率。

關於納稅義務人的身分定義有兩點要注意，一是若土地為分別共有者，則共有人各按其應有之部分，繳納地價稅。二是稅法規定每年的 8 月 31 日為地價稅的納稅義務基準日，當天土地登記簿上所記載的土地所有權人或典權人，就是地價稅的納稅義務人。

表 4-9　一般用地稅率

稅級別	應徵稅額之計算公式
第 1 級	課稅地價（未超過累進起點地價者）× 稅率（10‰）
第 2 級	課稅地價（超過累進起點地價未達 5 倍者）× 稅率（15‰）－累進差額（累進起點地價 ×0.005）
第 3 級	課稅地價（超過累進起點地價 5 倍至 10 倍者）× 稅率（25‰）－累進差額（累進起點地價 ×0.065）
第 4 級	課稅地價（超過累進起點地價 10 倍至 15 倍者）× 稅率（35‰）－累進差額（累進起點地價 ×0.175）
第 5 級	課稅地價（超過累進起點地價 15 倍至 20 倍者）× 稅率（45‰）－累進差額（累進起點地價 ×0.335）
第 6 級	課稅地價（超過累進起點地價 20 倍者以上）× 稅率（55‰）－累進差額（累進起點地價 ×0.545）

表 4-10　特別稅率

適用土地	稅率種類
1. 自用住宅用地、勞工宿舍用地、國民住宅用地	2‰
2. 公共設施保留地	6‰
3. 工業用地、加油站、停車場等事業直接使用之土地等	10‰
4. 公有土地	10‰

資料來源：台北市稅捐稽徵處

(s) 土地增值稅

　　已規定地價之土地，於土地所有權移轉時，因為自然漲價
而課徵的稅，按造土地漲價總數額採用倍數累進稅率來計算，
計算公式：土地漲價總數額 × 稅率－累進差額。土地漲價總額
是以土地移轉時的總現值，扣除取得時的移轉現值或原規定地
價的總額。

表 4-11　土地增值稅稅率與計算

稅級別	計算公式
第一級	應徵稅額＝土地漲價總數額【超過原規定地價或前次移轉申報時現值（按台灣地區消費者物價總指數調整後）未達百分之一百者】× 稅率（20%）
第二級	應徵稅額＝土地漲價總數額【超過原規定地價或前次移轉申報時現值（按台灣地區消費者物價總指數調整後）在百分之一百以上未達百分之二百者】×【稅率（30%）－〔（30%-20%）〕× 減徵率】－累進差額（按台灣地區消費者物價總指數調整後之原規定地價或前次移轉現值 ×A） 註： • 持有土地年限未超過 20 年者，無減徵，A 為 0.10 • 持有土地年限超過 20 年以上者，減徵率為 20%，A 為 0.08 • 持有土地年限超過 30 年以上者，減徵率為 30%，A 為 0.07 • 持有土地年限超過 40 年以上者，減徵率為 40%，A 為 0.06

第三級	應徵稅額＝土地漲價總數額【超過原規定地價或前次移轉申報時現值（按台灣地區消費者物價總指數調整後）在百分之二百以上者】×【稅率（40%）－〔（40%－20%）〕×減徵率】－累進差額（按台灣地區消費者物價總指數調整後之原規定地價或前次移轉現值×B） 註： • 持有土地年限未超過 20 年者，無減徵，B 為 0.30 • 持有土地年限超過 20 年以上者，減徵率為 20%，B 為 0.24 • 持有土地年限超過 30 年以上者，減徵率為 30%，B 為 0.21 • 持有土地年限超過 40 年以上者，減徵率為 40%，B 為 0.18 • 自用住宅用地稅率一律為 10%

資料來源：台北市稅捐稽徵處

$ 契稅

　　契稅是買房子時要繳交的契價稅，一般不動產買賣時都是包含土地與房子，所有權移轉時，土地若有增值的部分會課徵土地增值稅，所以土地沒有契稅，但房子沒有增值的問題，所以須課以契稅。房子透過買賣、贈與或交換而移轉所有權時，這時取得房子所有權的人就必須在買賣契約成立的 30 天內，向所在地的鄉鎮市公所申報繳納契稅。

　　契稅的課徵方式有兩種，一種是按照房屋的實際移轉價格來課稅，另一種則是按照申報當時所評定的標準價格來課稅，資料可以向所在地的稅捐分處房屋課查詢，並可擇低者申報。

　　契稅的計算方式是契價乘以稅率等於應納稅額，契價的評

定是由縣市稅捐處派人依照房子的構造、材料、用途與交通情況進行評價,現階段是以房子的造價殘值作為公定契紙上的契價,至於稅率則依移轉方式而有所不同,主要分為以下三種:

1. 買賣、贈與契約與占有為 6%

2. 典權契約為 4%

3. 交換、分割契約為 2%

契稅申報書與土增稅申報書

契稅申報書與土增稅申報書,過戶的時候都會用得到,可以請代書幫你填寫。

※	檔 案 索 編 號			契 稅 申 報 書	※ 總收文	日 期	年 月 日
年 月 日	實 料 編 號					字 號	
	服務區	總分局	流水號				

(1)房屋 稅籍編號	區	里	冊頁(棟)	分戶號	(2)建號	段 小段 建號	(3)移 轉 房屋坐落		
(4)立契日期或使用執照核發日期(限 房屋建造完成前取得所有權案件)		年 月 日		□1.一般申報案件 □2.房屋建造完成前取得所有權案件			(5)申報 日期	年 月 日

(6)移轉價格 (新台幣)	元	1.□請按照評定標準價格核課契稅。 2.□本件係領用標購公產或法院拍賣案件請按照評定標準價格或申報移轉價格低核課契稅。

(7)茲委託 先生／女士 代辦契稅申報、領取契稅繳款書或免稅證明書，前業主應繳未繳之房屋繳款書及領回證件等事項

	姓名或名稱	蓋章	國民 機關	身分證或事業 團體統一編號	公私 代有別	戶 籍 地 址										權利 範圍 持分比率
						縣市	鄉鎮區	村里	鄰街路	段巷	弄	號	樓			
(8)原所有 權人				電話												
				電話												
(9)新所有 權人				電話												
				電話												領回 證件 蓋章
(10)契稅代 理人				電話												
(11)在國內房 屋稅納稅代 理人				電話												

(12)契約種類	□1.買賣 □2.典權 □3.交換 □4.0贈與 □5.分割 □6.占有 □4.1夫妻贈與	□7.建築中變更起造 人名義或以承受 人起造人取得 使用執照者	□8.1 標購 □8.2 拍賣 □8.3 領回	□9.二胎等 間貴賣

(13)移轉情形	層 次				公設建物		□未辦保存 登記部分 一併移轉
	構 造				面積(㎡)		
	面 積 (平方公尺)				持分比例		

(14)申請減免 項目	□1.全免 合於契稅條例第（ ）條規定。	※□准	※房屋稅 承辦人蓋章
	□2.減徵 合於（ ）條例第（ ）條（ ）規定。	□不准	

(15)檢 附	□契約書正本（查驗後退還）、影本（貼印花部分）1份、□所有權狀影本（ ）份。 □不動產權利移轉證明書影本1份、□法院判決書及判決確定證明書影本（ ）份。 □身分證文件影本（ ）份、□該移轉房屋已繳房屋稅繳款書影本1份、□其他文件（ ）份。

(16)移轉後房屋稅繳款書寄送地址：□同房屋坐落 □同戶籍地址 □請寄：
(17)申息報日數	(18) 備 註：

※房屋稅查欠情形

□一般案件：截至 年6月底 □欠繳 年期房屋稅 ；即予開徵本年期following為 房屋稅 元，尚未繳納。
□無欠繳房屋稅 ；□未即予開徵。

□法院拍賣案件 查欠人員蓋章：

茲依照契稅條例第14條、15條、16條規定填具契稅申報書，並依法核定應納契稅，並依照房屋稅條例第7條之規定申請變更房屋稅納稅義務人名義。

此 致

臺南市政府財政稅務局 （分局） 申報人 （蓋章）

一、本申報書請寫二聯，印有※之欄位請免填。
二、申報人取得房屋，並依附聯填報使用情形，請確實填報，以維護您的權益。
三、房屋如有增建、改建或變更使用，請於30日內向當地主管稽徵機關申報。

395370000D-641-401 105070102

圖 4-7 契稅申報書

（下面這一欄申報人不必填寫）

地	政	事	務	所
收	文	日期		
		字號		
通 知	日 期			

土地增值稅（土地現值）申報書
第1聯：本聯由稽徵機關移送地政機關

（下面這一欄申報人不必填寫）

稽	徵	機	關
收	文	日期	
		號碼	

① 受 理 機 關		臺南市政府財政稅務局（ 分局）		
② 土 地 坐 落	③ 移轉或設典比率	④ 土 地 面 積（平方公尺）	⑤ 原規定地價或前次移轉現值	⑥ 申報移轉現值（請二擇一勾選）
鄉鎮市區　段　小段　地號	□全筆	整 筆	原因發生日 期　年 月 日	□按公告土地現值計課
	□持分____	移轉或設典面積	每平方尺　　元	□按每平方公尺____元計課

⑦ 本筆土地契約所載金額

⑧ 有無「遺產及贈與稅法」第5條規定視同贈與各款情事之一□有□無

上列土地於民國　　年　　月　　日訂約□買賣□贈與□配偶贈與□交換□共有土地分割□設定典權
□土地合併□　　　　，依法據實申報現值以上。

⑨ □檢附土地改良費用證明書　張，工程受益費繳納收據　張，重劃費用證明書　張，捐贈土地公告現值證明文件　張，請依法扣除土地漲價總數額。
　□本筆土地符合□土地稅法第34條第1項至第4項規定，□全部□部分（第　　層供自用住宅使用面積　　平方公尺，非自用住宅使用面積　　方公尺）符合自用住宅用地條件（倘出售面積超過都市土地300平方公尺或非都市土地700平方公尺者，另附土地增值稅自用住宅用地適用順序申明書）。
　　□本筆土地符合第34條第5項規定（另附申請適用土地稅法第34條第5項規定申明書），檢附建築改良物資料影本　　份，請按自用住宅用地率核課。
　□本筆土地為農業用地，檢附農業用地作農業使用證明文件　　份，請依土地稅法第39條之2第1項規定不課徵土地增值稅。□並依89年1月28日土地稅法修正生效當期公告土地現值調整原地價。
　□本筆土地於89年1月28日土地稅法修正公布生效時，為作農業使用之農業用地，檢附相關證明文件　　份，請依修正生效當期公告土地現值為原地價徵土地增值稅。
　□本筆土地為公共設施保留地，檢附相關證明文件　　份，請依土地稅法第39條第2項規定免徵土地增值稅。
　□本筆土地為配偶相互贈與之土地，檢附相關證明文件　　份，請依土地稅法第28條之2規定不課徵土地增值稅。
　□本筆土地符合　　　　　　　規定，檢附相關證明文件，請准予　　　　　　土地增值稅。

⑩ 茲委託　　　　君代辦土地現值申報、領取土地增值稅繳款或免稅/不課徵證明書及應納未納土地稅繳款書、工程受益費繳款書等事項。

⑪	義務人（原所有權人）　權利人（新所有權人）	姓 名 或名 稱	國民身分證號或統一編號	出 生年月日	權利移轉範圍	戶籍地址　住居所	縣市　鄉鎮市區　村里　鄰　街路　段巷　弄號　樓	蓋 章	電 話
申報人					□□□				
					□□□				
					□□□				
	代 理 人								

⑫ 繳款書送達方　式：□郵寄送達；受送達人：　　　　　住居所：□□□
　　　　　　　　　　□親自領取（本欄如未勾劃者視為親自領取）

⑬ 移轉後新所有權人地價稅繳款書寄送地址：同第⑪欄所填□戶籍地址、□住居所。□請寄：□□□

⑭ 本申報書所列房屋基地土地係購供自用住宅用地使用，茲先行提出申請按自用住宅用地率課徵地價稅，俟辦妥土地所有權移轉登記並於本年地價稅開徵40日前（9月22日）辦竣戶籍登記後，再補送有關文件，請准自本年起按自用住宅用地率課徵地價稅。□申請　□不申請　（請務必勾選）

圖 4-8　土增稅申報書

Q38 政府徵收土地的方式有哪些？

近年來，常聽見重劃區的房價與土地價格屢創新高，成為當今話題最熱的土地開發案，究竟市地重劃是什麼？為何能造成房價飆漲？跟區段徵收又有何不同？以下就將討論重點擺在市地重劃與區段徵收這兩個議題上。

🏠 認識土地徵收的方式

政府徵收土地的方式分為市地重劃、區段徵收與一般徵收三種，先來看看這三者有什麼區別。

三者的定義

一般徵收：為了公共事業需要或實施國家重大建設，政府可對特定的私有土地給予相對之補償，強制取得土地的一種處分行為。

區段徵收：為了都市更新、農村社區更新或其他開發之目的，政府對於一定區域內之土地全部予以徵收，並重新規劃整理。開發完成後，政府除了直接使用公共設施用地外，其餘一部分供作土地所有權人領回抵價地之用，一部分撥供需地機關使用與開發，剩餘之

土地則辦理公開標售、標租或設定地上權,以處分
土地的收入抵付開發總費用。

市地重劃:市地重劃係依照都市計畫規劃內容,將都市一定範
圍內之土地,全部重新加以規劃整理,興辦各項公
共設施,並於扣除法律規定應由參與重劃之土地所
有權人共同負擔之公共設施用地及供抵繳工程費用、
重劃事業費用、貸款利息等所需土地(抵費地)後,
按原有土地相關位次辦理交換分合為形狀整齊之土
地,重新分配予土地所有權人的一種都市整體開發
方式。

表 4-12　一般徵收、區段徵收與市地重劃之區別

項目	一般徵收	區段徵收	市地重劃
實施主體	政府辦理	政府辦理	有政府主動辦理、人民申請政府優先辦理及人民自行辦理三種
實施範圍	適用都市土地及非都市土地	適用都市土地及非都市土地	只適用於都市土地
政府負擔	政府負擔徵收補償費	政府以取得標售土地之處分收入償付開發總費用	政府標售重劃後之**抵費地**,以回收開發成本
土地權屬	政府為土地所有權人	除領回**抵價地**的土地所有權人之外,其餘皆屬公有	土地所有權人仍保有其所有權

土地分配	原土地所有權人只有補償費，喪失對土地權利	原土地所有權人可領取補償費，或申請領回土地（抵價地）兩種方式，抵價地最低不得少於40%	原則上按原位次分配，土地所有權人領回土地以重劃區總面積不低於55%為限
公共設施	只能作國防事業、交通事業、公用事業、水利事業、公共衛生及環境保護事業、政府機關、地方自治機關及其他公共建築、教育、學術及文化事業、社會福利事業、國營事業、其他依法得徵收土地之事業使用	範圍內道路、溝渠、公園、綠地、兒童遊樂場、廣場、停車場、體育場所及國民學校用地，無償登記為當地直轄市有、縣（市）有或鄉（鎮、市）有	區域內之道路、溝渠、兒童遊樂場、鄰里公園、廣場、綠地、國民小學、國民中學、停車場、零售市場等十項用地，由參加重劃區內土地所有權人共同負擔

資料來源：內政部地政司

何謂市地重劃？

市地重劃是指按都市計畫規劃內容將都市某部分土地重整規劃的意思，因此只限於都市土地。市地重劃有三種舉辦方式，第一種是政府主動辦理，第二種是由人民向政府申請優先辦理，第三種人民自己辦理，譬如北市內湖康寧醫院所處位置就是自辦重劃。

$ 市地重劃的實施主體

政府選定地區辦理

政府為開發新設都市地區、新社區，以及舊都市地區為公共安全、公共衛生、公共交通或促進土地合理使用之需要者，得選擇或指定適當地區辦理市地重劃，但在重劃計畫書公告期間內，重劃區土地所有權人半數以上，而其所有土地面積超過重劃區土地總面積半數者表示反對時，該管主管機關應予調處並參酌反對理由修訂重劃計畫書，重行報請核定，並依核定結果公告實施。

人民申請優先辦理

土地所有權人為讓土地提早開發、儘速有效利用，於適當

地區內之私有土地所有權人半數以上，而其所有土地面積超過區內私有土地總面積半數者之同意，得申請政府核准後優先實施市地重劃。

獎勵人民自行辦理

依《平均地權條例》第 58 條規定，重劃區內私有土地所有權人半數以上，而其所有土地面積超過重劃區私有土地總面積半數以上者之同意，並經主管機關核准者，得由土地所有權人自行組織重劃會辦理市地重劃。政府並給予下列獎勵措施：

1. 給予低利之重劃貸款。
2. 免收或減收地籍整理規費及換發權利書狀費用。
3. 優先興建重劃區及其相關地區之公共設施。
4. 免徵或減徵地價稅與田賦。
5. 其他有助於市地重劃之推行事項。

$ 重劃費用負擔之標準

市地重劃的辦理分為政府主動辦理、政府優先辦理與人民自行辦理三種方式，由於實施主體不同，因此在費用負擔上也會有所差異。

政府選定地區者

即由政府主動辦理者，該重劃區之每一位土地所有權人實際負擔之公共設施用地及抵付工程費用、重劃費用與貸款利息之土地，其合計面積以不超過各該重劃區總面積 45% 為限。但

經重劃區內私有土地所有權人半數以上且其所有土地面積超過區內私有土地總面積半數之同意者,不在此限。

簡單來說,重劃的總費用合計面積以不超過總面積 45% 為限。原本地主提供 100 坪的土地,重劃後最少可以分到 55 坪,地主負擔了 45 坪的費用,這就是重劃。

人民申請辦理者

包括人民申請優先辦理及自行辦理市地重劃者,不受最高負擔 45% 之限制。

🏠 重劃的好處

重劃能給予地主許多稅賦減免的好處,主要有土增稅與地價稅的減免。

土地所有權人提供土地後,政府會發一份重劃負擔總費用證明書,地主就可以在重劃後第一次移轉時,計算土地漲價總數額時扣除相關費用,再將減除後計算出來的土地增值稅額減徵 40%。

因為重劃,導致土地無法耕作或不能作為原來用途而無收入者,地價稅全免;重劃完成後,自完成之日起,其地價稅減半徵收二年。

🏠 關於重劃的重要需知

禁止移轉、過戶

選定重劃區後就要開始辦理重劃,事前須擬具重劃計畫書,經過主管機關核定後,再行公告通知。為方便重劃時期各項作業與工程施工之進行,根據《平均地權條例》第 59 條之規定,有禁止或限制土地移轉或禁建之規定,禁止期間以 1 年 6 個月為限。

重劃中的土地禁止移轉,也就是無法過戶的意思,如果一定要在這段期間作買賣移轉的話,可以先跟地主簽訂「預定買賣契約書」,雙方約定好期限一到地主就要交地,而買方則在期限內分期付款,這就是預定買賣契約書的用途。

代為計算地主負擔及分配設計

公告滿 30 日後,就要開始進行重劃區土地使用現況的測量、辦理地價查估,估計重劃前後地價的變化,以作為計算公共用地、工程款項等費用之負擔,與土地交換分配及變更補償的基準。再依《平均地權條例》第 60 條之規定,計算出每個地主應負擔之費用,或是用重劃區內未使用的建築土地作為折價抵付,稱為抵費地。

逕為辦理權利變更登記

施工完成後,就要進行分配結果公告及通知。土地分配結果公告確定後,就要辦理地籍整理,政府逕為辦理權利變更登

記，無需跟土地所有權人拿權狀。

補償機制

　　市地重劃的補償，除了抵費地外，也可依原位次分配原則，分配給原土地所有權人。所謂原位次分配，簡單來說，就是指分配到的土地在重劃前後都盡可能在同一位置。如原本所有權人在重劃前的土地位於重劃區的右邊位置，重劃完成後，所有權人分配回來的土地也是在重劃區的右邊位置。

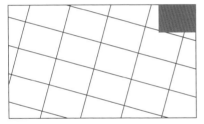

圖 4-9　市地重劃前土地位置　　　圖 4-10　市地重劃後土地位置

Q40 何謂區段徵收？

區段徵收是指為了都市的開發、更新之需求，政府對某特定區域內之土地全部予以徵收，並重新規劃分宗整理的意思。

開發完成後，除了公共設施用地為政府直接使用之外，其他可供建築使用的土地有三種處理方式：一部分作為抵價地，給所有權人領回；一部分撥給當地機關作為開發用，或是讓售給公營事業機構使用；剩餘的土地則公開標售、標租或設定地上權，將處分後的所得收入當作償還開發總費用。

💲 區段徵收的重要概念

區段徵收的實施主體為政府

市地重劃和區段徵收不同，土地重劃是地主提供土地，讓政府來統整規劃並興建公共設施，地主蒙受其惠的同時也要負擔工程費用，政府可以拿重劃後的地扣掉工程費後來抵給地主，就叫作「抵費地」。區段徵收則是政府向地主徵收土地，來做公共設施，開發完成後將未用完的建築用地當作補償費分配給地主，這種地就叫「抵價地」。

區段徵收的土地分配原則

重劃後土地分配的位置，是以重劃前原有土地相關位次來進行分配；而區段徵收則是採土地所有權人自行選擇街廓或公開抽籤的原則來決定，但自行選擇會有不公平的情形，所以基本上仍以抽籤為主。

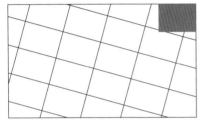

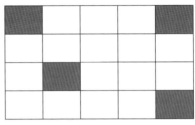

圖 4-11　區段徵收前土地位置　　圖 4-12　區段徵收後土地可能位置

區段徵收後，原地主分配到的土地可能在重新規劃後的任何一處，跟原先位置沒有任何關係，如圖 4-12 所示。

可以實施區段徵收的條件

依《土地徵收條例》第 4 條第 1 項規定，有以下幾種情形者，就可以實施區段徵收：

1. 新設都市地區之全部或一部，實施開發建設者。
2. 舊都市地區為公共安全、衛生、交通之需要或促進土地之合理使用實施更新者。
3. 都市土地之農業區、保護區變更為建築用地或工業區變更為住宅區、商業區者。
4. 非都市土地實施開發建設者。

5. 農村社區為加強公共設施、改善公共衛生之需要或配合農業發展之規劃實施更新者。

6. 其他依法得為區段徵收者。

補償機制

　　區段徵收由於是政府向地主徵收土地，政府需要補償地主的損失，補償方式分為補償費或是抵價地。補償費包含了土地補償地價、建築改良物及農作改良物補償費、土地改良費用補償費、營業損失補償費及人口與地上物之遷移費等。

　　地主也可以申請以抵價地折抵地價補償。抵價地的總面積，以徵收總面積 50% 為原則，最低不得少於 40%。也就是說，徵收後，地主可以分得原地的 40% 至 50% 大小之面積。

抵價地分配原則

　　政府整理以後，再把抵價地分配給有申請的地主。基本上會先訂定抵價地的最小分配面積為多少，然後進行抽籤分配，倘若領回的抵價地面積不足最小建築單位面積者，可以申請合併，未申請者則發給現金作為補償。分配結果要制定成圖冊，並公告 30 天。

土地處理方式

　　依《土地徵收條例》第 44 條規定，區段徵收範圍內的土地，經規劃整理後，除公有土地配回原管理機關外，其餘土地處理方式如下：

1. 抵價地發交被徵收土地所有權人領回。

2. 道路、溝渠、公園、綠地、兒童遊樂場、廣場、停車場、體育場及國民學校用地，無償登記為當地直轄市有或縣（市）有或鄉（鎮、市）有。

3. 其餘可供建築土地，得予標售、標租或設定地上權。

🏠$ 區段徵收的好處

區段徵收的最大好處，主要分為兩方面：一是土地價值上漲，二是節稅空間大。

一、可領回 40% ～ 50% 抵價地

雖說為政府強制徵收，但從地主的立場來看也並非沒有利益。透過都市計畫，原來的農業區、保護區或非建築之用地都能變更為住宅區、商業區或其他可建築的土地等，土地價值因此大幅提升，這種增漲並非地主單獨努力就能達成的，而參加區段徵收後地主至少可領回百分之四、五十的抵價地，即符合漲價歸公的原則。

二、減省土地稅賦

凡參加區段徵收的地主，無論事後是領取現金補償或是申請領回抵價地，皆可免徵土地增值稅；申請領回抵價地者，於領回抵價地後第一次移轉之土地增值稅亦可減徵 40%，同時區段徵收完成後兩年內地價稅可減半徵收，地主享有減稅之優惠。

🏠 區段徵收與市地重劃的區別

　　市地重劃對地主比較有利，因為地主還能保有土地所有權，且分配到的抵費地面積至少有 55%。區段徵收的話，政府把地徵收來，表示土地的所有權人變成政府，政府要怎麼處理這塊地原地主是不能干涉的，相較之下，區段徵收對地主就比較沒有保障，故大型土地抗爭案，其土地開發方式多以區段徵收為主，且抗爭阻力較大，而市地重劃抗爭阻力相對較小。

表 4-13　市地重劃與區段徵收之對照

	市地重劃	區段徵收
分配面積	分回 55%	分回 40% ～ 50%
分配方式	原位次分配	抽籤決定
補償方式	抵費地	抵價地
抗爭阻力	小	大

中華民國不動產經營管理協會

誠摯邀請想擴展人脈、提升業績、創造絕對的財務自由的您，

加入協會，一起交流、分享！ 等您加入

不動產學習 — 建築考察 — 共同投資 — 吃喝玩樂

加入協會的 5大理由

有助事業發展
01 全台首創會員物件平台，
會員共同投資不動產

終身教育
02 學員學習費用低廉，每堂課（2.5小時）
費用只要400元

建立友誼
03 全台會員每月聯誼，
共同交流房市資訊與市場資訊

娛樂
04 每月台中、雲嘉、台南、高雄例會、建
築考察、會員公司參訪、飯店聚餐交流

培養社交技巧
05 在每一次的活動與會議中，培養個性及
人際關係的技巧，讓你更喜歡與人接觸

召集菁英，期待您的加入！

入會專線：(04) 2293-5851

台中會址：台中市西屯區文心路3段241號10樓

欲知更多資訊，請上官網查詢：http://www.twret.com

第 5 篇

利潤分析篇

投資土地就是要賺錢，

但是你知道哪些條件，會影響到土地的價值嗎？

你知道怎麼算，才能讓這塊土地的價值最大化嗎？

本篇將教你看懂法條中最關鍵的數值，

以及教你判斷容易搞混的重要觀念，

最後告訴你，如何提升土地的商業價值，

以及計算這塊土地的收益，

讓你買得安心，賺得開心！

跟建築相關的法規有哪些？

要了解建地要先了解土地法源。台灣未來將朝著《國土計畫法》的方向做統合，在這個法令正式上路之前，現行還是以《區域計畫法》為主。

因為我們現行法令都還是各行其道，現階段都是用《區域計畫法》，《區域計畫法》裡面又將土地分為都市土地跟非都市土地，都市土地適用的法條稱為《都市計畫法》，非都市土地則適用《非都市土地使用管制規則》，一旦《國土計畫法》上路，將一併做整合。

「基本建築法規」主要跟《建築技術規則》、《都市計畫法》等有關。《建築技術規則》是全台都通用的，但如果不是《建築技術規則》，每個地方會有每個地方的細則或辦法，台北市容積移轉有台北市的規定，新北市有新北市的規定，譬如台北市的《台北市土地使用分區管制自治條例》就是台北市的土地使用管理辦法，需要多少法定停車位，每個縣市的法規也都不一樣。

要判斷土地的價值，方法就是去試算土地的總興建面積，算出來再乘上房屋每坪的售價，得到的就是土地的總銷售金額，再扣掉成本，就能知道這塊土地的價值。

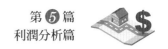

以上提到的法條、建築法規與土地價值，都是土地投資人
要具備的概念，以下將說明會影響到土地的相關法條。

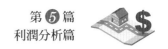 都市計畫與土地使用分區管制

都市計畫下有主要計畫及細部計畫，主要是針對都市土地
做有計畫之發展，並對土地使用做合理之規定。每個縣市都有
各自的土地管制規則與要點，例如台北市為《台北市土地使用
分區管制自治條例》。在土地管制要點中，政府會給予額外的
獎勵容積，包括容積移轉、開放空間獎勵、設計獎勵、其他獎
勵（時程、規模、高氯離子、輻射鋼筋、都更等）。

開放空間獎勵，是指一塊基地的一部分規劃為公共通行區
域，其餘部分拿來蓋房子，只要房子退縮越多，公共通行區域
越大，政府給的容積獎勵就越多。

時程獎勵，是指在區段徵收或市地重劃時政府為鼓勵特定
範圍內迅速開發，鼓勵在某個時間內進行開發就能獲得額外的
容積獎勵，通常時程開發越快獎勵越多。

規模獎勵是指凡規模超過一定面積的土地，會有 3% 至 5%
不等的獎勵，這是由於政府要鼓勵大面積土地合併開發之故。

都市更新的獎勵指得是政府希望透過都市更新的手段來改
變市容。透過都市更新，最多可以拿到 50% 的獎勵。除了都更
與容積移轉的獎勵外，其餘的容積獎勵包括開放空間獎勵、設
計獎勵、高氯離子獎勵等等，最高上限只有 20%。

在評估土地時，勢必要承受一些風險，這個風險就是「獎

勵值」，一般只能在送建照後，才能得知正確的獎勵值，因此評估之前，都只是預估值而已。

$ 建築法

多大的土地可以興建房屋呢？《建築法》有規定，當地政府要視實際情形，規定出建築基地最小面積之寬度及深度，如果面積過小不符合規定者，就要與鄰接的土地合併，在達到最小興建面積之前，均不得興建。

若與鄰接土地的合併不能達成協議時，雙方可以申請調處。若調處失敗，基地所有權人或鄰接土地所有權人得就最小面積之寬度及深度範圍內之土地按徵收補償全額預繳承買價款申請該管地方政府徵收後辦理出售。

雖然有這條規定，但目前並沒有實例，有明文規定卻沒有實例或甚少實例的情況也發生在《都市更新條例》上，裡面有政府能夠代拆的規定，政府依法拆除文林苑，卻引爆民間強烈的反彈，自此再也沒有代拆的案例出現。

$ 台灣省畸零地使用規則

畸零地是指面積狹小或地界曲折之基地。《台灣省畸零地使用規則》第 3 條規定，建築基地面積狹小，其深度與寬度任一項未達表 5-1 之規定者，即為畸零地。也就是說，非都市土地中，可以興建房屋的土地大小也可以從下表規定來判斷。

表 5-1　最小建築基地之深度與寬度限制

基地情形　使用分區	使用地別（m）	甲、乙種建築用地及住宅區	商業區	丙種建築用地及風景區	丁種建築用地及工業區	其他使用分區
正面路寬 7 公尺以下	最小寬度	3.0	3.5	6.0	7.0	3.5
	最小深度	12.0	11.0	20.0	16.0	12.0
正面路寬超過 7 公尺至 15 公尺	最小寬度	3.5	4.0	6.0	7.0	4.0
	最小深度	14.0	13.0	20.0	16.0	16.0
正面路寬超過 15 公尺至 25 公尺	最小寬度	4.0	4.5	6.0	7.0	4.5
	最小深度	16.0	15.0	20.0	16.0	17.0
正面路寬超過 25 公尺	最小寬度	4.0	4.5	6.0	7.0	4.5
	最小深度	16.0	18.0	20.0	16.0	18.0

　　之所以提到畸零地，是要提醒有意買地的讀者，千萬不要買到畸零地，除了土地無法立即興建外，還需要跟鄰地協調，增加興建變數。故在投資的角度上來看，不建議購買畸零地。

　　圖 5-1 與圖 5-2 為甲種建築用地 A 與 B，現在就來教大家判斷何者才算畸零地。

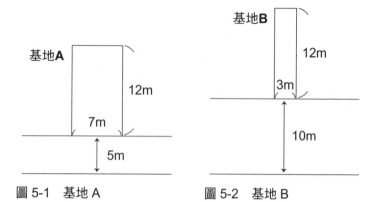

圖 5-1　基地 A　　　　　　圖 5-2　基地 B

　　基地 A，正面臨路寬 7 公尺，深度 12 公尺，馬路寬度為 5 公尺；基地 B，正面臨路寬 3 公尺，深度 12 公尺，馬路寬度為 10 公尺。由於基地 B 的馬路寬度超過 7 公尺，對照表 5-1 之數據，其面寬最小寬度至少要達 3.5 公尺，深度最小要達 14 公尺，兩者均未達到標準，因此可判斷基地 B 為畸零地。

Q42 陽台、梯廳、雨遮，在建築法規上有什麼特殊規定？

在正式談論容積之前，對於大樓內必有的建築設計如陽台、雨遮、梯廳、屋頂突出物與機電設備也要充分了解，畢竟這些設計攸關是否會計入容積之內。《建築技術規則》第 162 條對於這些設施的大小有明確的規範，若超出規定之面積，就會被計入容積內。

💲 影響樓地板面積的設施

梯廳的限制

《建築技術規則建築設計施工編》第 162 條提到：「每層共同使用之樓梯間、昇降機間之梯廳，其淨深度不得小於二公尺；其梯廳面積未超過該層樓地板面積百分之十部分，得不計入該層樓地板面積。但每層陽台面積與梯廳面積之和超過該層樓地板面積之百分之

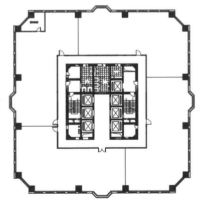

圖 5-3　梯廳示意圖

十五部分者,應計入該層樓地板面積。」也就是說,梯廳深度至少要 2 公尺,但梯廳面積只要不超過該層樓地板面積 10%,或是同一層的梯廳與陽台之面積和不超過該層樓地板面積 15% 者,免計入容積,這是關於梯廳的限制與規定。

雨遮與花台

同一條提到:「雨遮、花台突出超過一公尺者,應自其外緣分別扣除二公尺或一公尺作為中心線,計算該層樓地板面積。」意思是說,雨遮或花台只要在 1 公尺之內,免計入容積。

在此我們要先了解一個觀念,何謂公設比?雨遮跟花台算是公設嗎?如果是,公設比是大比較好,還是小比較好?雨遮可不可以計入產權登記?

公設比就是公共設施面積占建物總坪數的比例,比例越大,表示建物中的公共設施越多、公設面積越大的意思,反之,則公設越少。根據內政部營建署對於公設項目的定義為,公寓大廈中的公共設計指得是共用部分,包括住戶共同使用的設施,如樓梯間、電梯間、梯廳、屋頂突出物、共同出入口、門廳、管理室、機電設備、防空避難設備、裝卸停車空間,以及居民使用的活動中心等等。明文並沒有規定公設比一定要多少,一般來說,新建的大樓之公設比多在 25% 至 30%,舊大樓則屬低公設。

公設比的計算公式：

$$公設比 = \frac{共有部分面積}{主建物面積 + 附屬建物面積 + 共有部分面積}$$

產權面積包含了主建物面積、附屬建物面積及公共面積。雨遮與陽台屬於產權上的附屬建物，從上列的公設比算式來看，雨遮越大，公設比越小，所以建商蓋越多的雨遮、花台，反而公設比變小，雖然對建商來說，

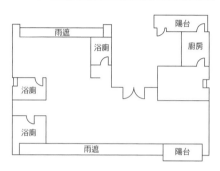

圖 5-4　雨遮

附屬建物除了陽台外，其餘項目都不得計入買賣價格，但卻計入總坪數中，因此也常看見建商蓋雨遮來賺取坪數，或是造成低公設比的假象。

在新的《地籍測量實施規則》中則明定，自 2018 年起，雨遮不得以附屬建物的方式登記，即一律不登記、不計價。

屋頂突出物

《建築技術規則建築設計施工編》提到：「屋頂突出物高度在 6 公尺以內或有昇降機設備通達屋頂之屋頂突出物高度在 9 公尺以內，且屋頂突出物水平投影面積之和，除高層建築物以不超過建築面積 15% 外，其餘以不超過建築面積 12.5% 為限，其未達 25 平方公尺者，得建築 25 平方公尺。」

　　屋頂突出物（簡稱屋突）一般用來設置水箱與電梯機房，屬共有部分之公設項目，除了能增加建物的面積外，屋突越大，公設比也越大。

　　條文裡面有幾個重點，首先，是屋突要「在9公尺以內」，大約等於3個樓層，也就是屋突可以蓋3層。至於「高層建築物以不超過建築面積15%」為限，高層建築物就是指15層樓以上的大樓，建商通常不是蓋到14樓，就是直接蓋到20層樓，很少會蓋15或16樓，因為高樓層的建築法規比非高樓層的建築法規有更多限制條件。

　　前項所指的建築面積，是指一樓真正的興建面積，建商在蓋房子的時候，一樓有所謂的空地比、建蔽率。舉例來說，建蔽率50%就是指100坪的土地最多只能蓋50坪的房子，但為了往上增高，建商可能會選擇只蓋30、40坪，而這30、40坪才是一樓真正的興建面積。所以，「建築面積＝基地面積 × 實質的建蔽率」，注意，是實質的建蔽率，不是「法定的建蔽率」。

　　最後要注意的是「12.5% 為限」，這個數字在之後要計算坪效時會用到，換算成分數就是1/8。

機電設備

　　在《建築技術規則建築設計施工編》第162條提到：「機電設備空間、安全梯之梯間、緊急昇降機之機道、特別安全梯與緊急昇降機之排煙室及管理委員會使用空間面積之和……不得超過都市計畫法規及非都市土地使用管制規則規定該基地容

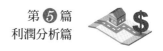

積之百分之十五。」

　　機電設備、特別安全梯、緊急昇降梯、排煙室、還有管委會使用面積之和，以不超過該使用管制規定容積之 15% 為限。現在很多社區大樓把管委會辦公室做得越來越大的目的就是為了把這 15% 全部做滿，增加銷售面積。

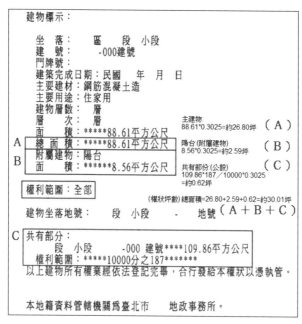

圖 5-5　權狀上關於附屬建物、共有部分的標示

Q43 法定汽車停車位與增設汽車停車位有何不同？

大樓裡必須設置多少停車位？車道可以計入公共設施分攤給住戶持有嗎？需要計入容積嗎？

停車位依《建築技術規則》之規定，有法定汽車停車位、增設汽車停車位與法定機車停車位 3 種，依設置目的的不同，產權登記的方法也不同。

💲 認識停車位

法定汽車停車位

《建築技術規則》第 59 條規定，建築物必須按其總樓地板面積附設一定數量的法定停車空間，也就是法定停車位，若建築物的空間不夠，可與其他建築物合併並集中留設。每個縣市對於法定停車位的規定都不盡相同，需要個別去查詢，依據第 59 條之規定，法定停車位依據建築物之用途、都市與非都市土地之分別，而有不同的設置標準，如表 5-2 所示：

表 5-2　法定停車位設置標準

類別	建築物用途	都市計畫內區域		都市計畫外區域	
		樓地板面積	設置標準	樓地板面積	設置標準
第一類	戲院、電影院、歌廳、國際觀光旅館、演藝場、集會堂、舞廳、夜總會、視聽伴唱遊藝場會、視聽伴唱遊藝場、遊藝場、酒家、展覽會、辦公室、金融業、市場、商場、餐廳、飲食店、店鋪、俱樂部、撞球場、理容業、公共浴室、旅遊及運輸業、攝影棚等類似用途建築物。	$300\ m^2$ 以下部分	免設	$300\ m^2$ 以下部分	免設
		超過 $300\ m^2$ 部分	每 $150\ m^2$ 設置一輛	超過 $300\ m^2$ 部分	每 $250\ m^2$ 設置一輛
第二類	住宅、集合住宅等居住用途建築物。	$500\ m^2$ 以下部分	免設	$500\ m^2$ 以下部分	免設
		超過 $500\ m^2$ 部分	每 $150\ m^2$ 設置一輛	超過 $500\ m^2$ 部分	每 $300\ m^2$ 設置一輛
第三類	旅館、招待所、博物館、科學館、歷史文物館、資料館、美術館、圖書館、陳列館、水族館、音樂廳、文康活動中心、醫院、殯儀館、體育設施、宗教設施、福利設施等類似用途建築物。	$500\ m^2$ 以下部分	免設	$500\ m^2$ 以下部分	免設

		超過 500 m² 部分	每 200 m² 設置一輛	超過 500 m² 部分	每 350 m² 設置一輛
第四類	倉庫、學校、幼稚園、托兒所、車輛修配保管、補習班、屠宰場、工廠等類似用途建築物。	500 m² 以下部分	免設	500 m² 以下部分	免設
		超過 500 m² 部分	每 250 m² 設置一輛	超過 500 m² 部分	每 350 m² 設置一輛
第五類	前四類以外建築物，由內政部視實際情形另定之。				

　　假設你要蓋一棟住宅大樓，樓地板面積有 2,000 平方公尺，按規定 500 平方公尺以下免設，超過部分每 150 平方公尺要設置一輛停車位的話，那麼這棟大樓就必須設置至少 10 輛法定停車位，算法是（2000 － 500）÷150 ＝ 10。

增設停車位

　　是指起造人或建商在建築法令容許範圍內，自行增設的停車位。簡單來說，在法定汽車停車位以外多出來的空間設計的車位就是增設停車位。比如法定停車位只需 10 輛，倘若有多餘的空間能再增設 5 部車位，這 5 部就是增設停車位。

　　每個車位 40 m² 免計入容積，超過的部分就要算進容積裡。

表 5-3　汽車停車位的產權登記

類型	說明
法定停車位	1.有產權，但沒有獨立權狀、不得與建築分開買賣。 2.只限同棟住戶能買賣。 3.登記為大公時，產權為全體住戶所持有，國宅常使用此種登記方式；登記為車公時，產權為有買車位的住戶共同持有。
增設停車位	1.產權登記以公共設施或獨立權狀方式為之。 2.買賣對象不限於該棟住戶。 ※若有獨立的進出口車道，且與住戶可以明顯區隔使用空間者，則可以有單獨的車位權狀。 ※若有單獨車位權狀，買賣對象就不限於該棟住戶。

機車停車位

　　有關建築物依都市計畫法令或都市計畫書規定設置之機車停車空間，得不計入總樓地板面積。每輛機車停車空間換算容積之樓地板面積最大不得超過 4 平方公尺。

　　在台北市，樓地板面積每 100 平方公尺要設置一部機車停車位，一個機車停車位的免計容積是 4 平方公尺。

Q44 買道路用地或公共設施用地的投資獲利怎麼算？

市場上，有專門投資道路用地的一群人，他們之所以投資道路用地，原因在於道路用地可以作為容積移轉使用，增加可興建面積。那何謂容積移轉？容積移轉又有哪些規定需要注意？本單元就來為大家介紹這個概念。

💲 容積移轉的基本概念

容積移轉

容積移轉，是指允許原屬一宗土地之可建築容積，一部或全部移轉至另一宗可建築土地建築使用。

什麼情況下可以做容積移轉呢？並非每個建地都可以容積移轉，要符合相關規定才行。台北市以前有一些古蹟，政府為了維護這些建物而將其設定成古蹟，之前說明地上物時有提到，地上有古蹟的時候這塊地就無法開發，因此造成許多屋主的反彈，為補償屋主的損失，於是同意讓屋主找就近的地來蓋房子，而且享有原地的容積，這就叫作容積移轉，簡稱容移。

進行容積轉移時，將全部或部分容積移轉至其他可建築土地，我們稱為「送出基地」，而接受容積移入之土地，就叫作「接

受基地」。

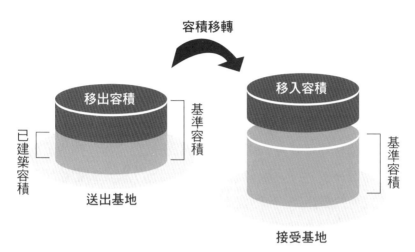

圖 5-6　容積移轉示意圖

容移的限制

　　容移是有限制的，不是每塊送出基地都能做容移，簡言之，主管機關認定具有保存價值之私有地、作為公共開放空間使用之建築地或是公共設施保留地，才能容移。

　　接受基地也有限制，可接受的容積不能超過該基地基準容積的 30%，但位於整體開發地區、實施都更地區、面臨永久性空地或其他都市計畫指定地區範圍內的接受基地，可以斟酌增加至 40%。

　　土地可以接受多少的容積？這裡有個計算公式：

接受基地移入之容積＝送出基地之土地面積 ×（當期送出基地之公告土地現值／當期接受基地之公告土地現值）× 接受基地之容積率

送出基地的資格

並不是每塊土地都可以作為送出基地，根據《台北市都市計畫容積移轉審查許可條件》，台北市能做容積移轉的土地包括古蹟及歷史建築之私有地、公園、綠地、廣場與道路用地。這些土地還要符合一定的條件才有資格作為送出基地：

1. 未開闢之公園用地、綠地、廣場：

    (1)該公共設施保留地面積，須小於二公頃以下。

    (2)送出基地申請範圍內之土地所有權人，須全數同意辦理容積移轉。

2. 道路用地：

    (1)符合下列任一規定者：

    ①未開闢之計畫道路寬度達十五公尺以上，送出基地申請範圍須為完整路段，且二側均與現有已開闢之八公尺以上計畫道路相連通。

    ②已開闢計畫道路寬度達十五公尺以上，且持有年限達5年以上（因繼承或配偶、直系血親間之贈與而移轉者，其持有年限得予併計）者。

    ③符合「台北市政府消防通道劃設及管理作業程序」第3點第1項第1款「消防通道」之未開闢計畫道路。

④毗鄰捷運聯合開發基地未開闢計畫道路。

⑵前款道路用地①、③、④之送出基地申請範圍內之土地所有權人，須全數同意辦理容積移轉。

接受基地的資格

同樣的，也不是每塊地都能作為接受基地，根據《台北市容積移轉審查許可自治條例》第 6 條之規定，台北市的古蹟與歷史建物之私有地必須移轉至台北市內可建築土地，而私有的公共設施保留地只能移轉至：

1. 捷運站出入口半徑八百公尺範圍內，且須面臨八公尺以上已開闢之都市計畫道路。

2. 所在位置半徑五百公尺範圍內，有已開闢且其面積在零點五公頃以上之公園綠地，且須臨接十五公尺以上已開闢之計畫道路，或面臨二條已開闢之計畫道路，而其中一條寬度須達十二公尺者。

除了所在位置有明文規定外，接受基地的面積也有限制，接受基地的面積應超過 1,000 平方公尺，且不得為下列土地：古蹟、市政府地、保留地等等。接受基地移入之容積總和，亦不得超過該建築基地的 50%，以上為台北市對於容積移轉的限制。

容積代金制度

106 年 6 月 29 日之前，台北市容積移轉的方式有繳納容積代金、歷史建築土地與公共設施保留地這三種，等過了 106 年 6

月 29 日以後，已改為全面實施容積代金制度，全國各地實施容積代金制度的時程不一，現在就來為大家介紹這個制度。

一般而言，能容積移轉的送出基地屬公共設施保留地，民間不能自行變更開發，所以通常建商或投資者收購後再將地賣給政府，以換取建築容積，雖然不得超過移入基地法定容積的40%，由於台北寸土寸金，容積移轉所賺得的利潤仍相當可觀。有鑑於此，為確保公共利益能全然回饋給民眾，台北市 106 年 6 月 30 日起已全面實施「容積移轉折繳代金」制度。這是一種政府做莊，先取得私有公共設施保留地，建商再繳付代金向政府換取容積，而這筆代金將作為公共建設、公營住宅等用途。

台北市是第一個實施代金的地方政府，現在各地都有道路用地促進協會紛紛向各縣市首長陳情，爭取延緩代金制度的施行。

依台北市現行制度，移入容積中，50% 可以代金移入，50% 可以公共設施保留地或歷史建物移入，落日期限後，除了歷史建物尚可移入容積外，其餘都須以代金移入容積。

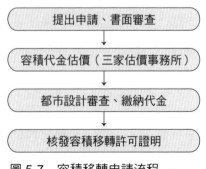

圖 5-7　容積移轉申請流程

Q45 何謂土地使用管制規定？限制有哪些？

每一塊土地都有其使用規定與限制，都市計畫內的土地則依都市計畫書裡規定的土地使用管制規定辦理，在台北市，則由《台北市土地使用分區管制自治條例》所規定。這裡雖然是舉台北市為例，但其他縣市的土地使用管制要點其實均大同小異，只要你了解台北市的管理辦法，再看其他縣市的規定，就不難理解。以下簡單說明北市的重要條例。

🏠$ 認識台北市土地法規

《台北市土地使用分區管制自治條例》就是管理台北市的用地，對於使用分區、建築物的使用、各分區的建蔽率、容積率、建築基地之深度與寬度等等，都有極詳細的規定與說明。

表 5-4　台北市建地的使用分區種別

住宅區	第一種住宅區、第二種住宅區、第二之一種住宅區、第二之二種住宅區、第三種住宅區、第三之一種住宅區、第三之二種住宅區、第四種住宅區、第四之一種住宅區
商業區	第一種商業區、第二種商業區、第三種商業區、第四種商業區

住宅區劃定的目的

　　根據《台北市土地使用分區管制自治條例》第4條的說明，住一（第一種住宅區）是居住品質最高等級的住宅區域，所以人口密度與建築密度相對最低，專供建築獨立或雙拼住宅為主。住二為次高的居住水準。住二之一、二之二則為臨接面前道路、公園或廣場，容積能酌予提高。住三則維持中等的居住水準。住三之一跟三之二有面臨公園、廣場、綠地，容積能酌情提高。住四僅能維護基本的居住水準，因此其建蔽率與容積率就比前三種來得大。

　　簡單來說，住一是居住品質最高、人口密度最低的種別，住四的居住品質最差，人口密度卻最高。所以，從容積來看，住四比住一大；從房價來看，住四也比住一大，因為需求度也大的關係。住一可以說是位在山坡地的蛋殼區，住四則是人口密集的蛋黃區，形成實際現象與建築法規所訂出的本意出現矛盾的情形，不過對投資並沒有太大的影響。

表 5-5　台北市住宅區土地使用管制規定

住宅區種別	建蔽率	容積率
第一種	30%	60%
第二種	35%	120%
第二之一種	35%	160%
第二之二種	35%	225%
第三種	45%	225%

第三之一種	45%	300%
第三之二種	45%	400%
第四種	50%	300%
第四之一種	50%	400%

表 5-5 為台北市四種住宅區的建蔽率與容積率。建蔽率就是基地上可以興建 1F 建築面積的比例，容積率是基地面積上可以興建的總面積比例。

以住四為例，100 坪的基地可以蓋 300 坪的房子，此外，之前我們才介紹過陽台、屋突、機房、雨遮、花台的部分，這些地方運用得宜的話，都可以免計入容積，卻又能增加面積，最多可以增加 30%，所以 300 坪再乘以 1.3，實際上可以蓋到 390 坪的房子，也就是這塊地基本的坪效。

臨接道路者，容積率能酌予提高

住宅區之建築物面臨 30 公尺以上之道路，臨接或面前道路對側有河川，於不妨礙公共交通、衛生、安全，且創造優美景觀循都市計畫程序劃定者，容積率得酌予提高，住二之一、二之二、三之一、三之二與四之一，容積率分別提高至 160%、225%、300%、400% 與 400%。

但是，如果在都市計畫圖上被標示為住二之一、二之二、三之一、三之二與四之一，且鄰接的道路面寬在 16 公尺以下者，則容積率則比照原先的容積率。意思就是，如果住三之二的臨接道路的面寬在 16 公尺以下，容積率不是 400%，而是 225%。

建築物臨接道路的面寬，是指建築物面對道路的那一面之寬度，非道路的路寬，所以這裡是指 A 這一面，如圖 5-8 所示。

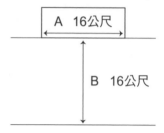

圖 5-8　建築物臨接道路的面寬示意圖

住宅區的高度限制

台北市的住宅區也有高度限制，住一的建築物高度不得超過三層樓或 10.5 公尺，住二則不得超過五層樓或 17.5 公尺。

住宅區前後院之深度限制

根據《台北市土地使用分區管制自治條例》第 14 條之規定，住宅區的建築物須設置前院與後院，並有最小深度的規定。也就是基地前後要預留前院與後院的空間，前院是指面對馬路的一方，且最小淨深度不得小於 1.5 公尺。

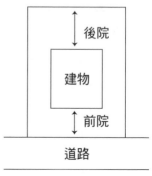

圖 5-9　前後院深度示意圖

表 5-6　台北市住宅區前後院之深度限制

住宅區種別	前院深度（m）	後院深度（m）	後院深度比
第一種	六	六	0.6
第二種	五	五	0.4
第二之一種	五	五	0.3
第二之二種	五	五	0.3
第三種	三	三	0.25
第三之一種	三	三	0.25
第三之二種	三	三	0.25
第四種	三	三	0.25
第四之一種	三	三	0.25

　　深度比是指建築物退縮的距離與可興建樓高的比例，如住三的深度比是 0.25，也就是 1 比 4 的意思，表示每退縮 1 公尺就可蓋 4 公尺高（如圖 5-10），深度比形成斜率交叉而成的高度，也就是這棟樓可蓋的高度。投資土地時，特別要注意位於巷道狹小的土地，常常會因為深度比形成的高度限制，造成法定容積率無法用完的情形。其中 6 米巷、4 米巷更常遇到，譬如我們看到有些房子從 4 樓開始，每層樓逐漸往上退縮，就是斜率的問題，使得土地容積用不完。

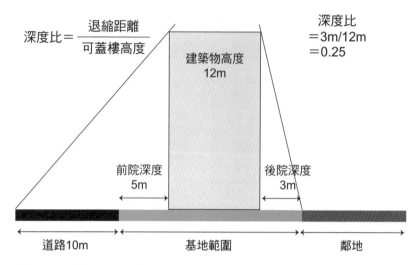

圖 5-10　後院深度比試算示意圖

住宅區內最小建築基地寬度與深度之限制

　　每塊土地都有其最小興建面積的條件，不可能 5 坪大小的土地也能蓋房子，所以要能興建房子最起碼要符合一定的面積限制。表 5-7 為台北市住宅區最小興建面積的規定與限制：

表 5-7　台北市住宅區最小建築基地寬度與深度之規定

住宅區種別	寬度（m）		深度（m）	
	平均	最小	平均	最小
第一種	12	7.2	20	12
第二種	10	6	20	12
第二之一種	10	6	20	12
第二之二種	10	6	20	12

第三種	8	4.8	16	9.6
第三之一種	8	4.8	16	9.6
第三之二種	8	4.8	16	9.6
第四種	4.8	3	14	8.4
第四之一種	4.8	3	14	8.4

以北市最多的住三來說，其基地一定要達到平均寬度 8 米，最小寬度 4.8 米，平均深度 16 米，最小深度 9.6 米的規定才可以建築。如果土地小於規定，即視為畸零地，不得單獨建築。

住宅區內不能興建商業用途的設施

每個使用分區都有明確的使用目的，住宅區內只能當作住宅使用，即便為了因應日常需求，也只能設置小規模的商業、工業或零售行業。拿住一為例，住一裡能允許或有條件地允許使用的建築設施有：

1. 允許使用：
   (1)第一組：獨立、雙併住宅。　(4)第十組：社區安全設施。
   (2)第六組：社區遊憩設施。　(5)第十五組：社教設施。
   (3)第九組：社區通訊設施。　(6)第四十九組：農藝及園藝業。
2. 附條件允許使用：
   (1)第二組：多戶住宅。　(3)第五組：教育設施之小學。
   (2)第四組：學前教育設施。　(4)第八組：社會福利設施。

簡言之，台北市的住宅區內，不可以蓋旅館、不可以興建百貨公司，倘若你在住宅區登記公司，可就違規了。

Q46 商業區的容積率，暗藏哪些玄機？

有住宅區就有商業區，商業區的使用限制與容積率又跟住宅區不同，以台北市為例，商業區分為第一種商業區、第二種商業區、第三種商業區及第四種商業區，相關規定可以去查閱《台北市土地使用分區管制自治條例》。

💲 商業區容積率的算法

根據《台北市土地使用分區管制自治條例》第25條之規定，商業區的建蔽率與容積率都有上限，此外，法定容積率還要看基地面臨道路最寬的那一面，以面臨最寬的道路寬度（單位為公尺）再乘上50%，得到的容積如果未達300%者，以300%計。台北市商業區的基本建蔽率及容積率規定如下：

商業區種別	建蔽率	容積率
第一種	55%	360%
第二種	65%	630%
第三種	65%	560%
第四種	75%	800%

以第二種商業區為例，容積率為630%，不代表你就能蓋出630%的坪數，你必須留意的是建築基地所面臨道路的那一面寬

度。

假設現在有一塊商二的基地，它面臨道路的狀況有以下幾種：

道路面臨分別為 4 米、6 米、8 米、12 米與 20 米的情況下，這塊基地的容積率其實都不一樣。

1. 以基地面臨道路最寬為 4 米的情況下，其計算方式為：
   4 米 ×50% ＝ 200%，未滿 300%，以 300% 計，所以容積率是 300%。
2. 以基地面臨道路最寬為 6 米的情況下，其計算方式為：
   6 米 ×50% ＝ 300%，容積率為 300%。
3. 以基地面臨道路最寬為 8 米的情況下，其計算方式為：
   8 米 ×50% ＝ 400%，容積率為 400%。
4. 以基地面臨道路最寬為 12 米的情況下，其計算方式為：
   12 米 ×50% ＝ 600%，容積率為 600%。
5. 以基地面臨道路最寬為 20 米的情況下，其計算方式為：
   20 米 ×50% ＝ 1,000%，法定容積率最高 630%，所以容積率為 630%。

商業區最小建築基地寬度與深度之規定

商業區建築基地之寬度與深度規定如表 5-8，以商二為例，最小興建基地面積之平均寬度為 5 米，最小寬度為 3 米時，平均深度為 18 米，最小深度為 10.8 米，如土地不符條件，視為畸零地，不能單獨建築。

Investment in
Real Estate

表 5-8　台北市商業區最小建築基地寬度與深度之規定

商業區種別	寬度（m）		深度（m）	
	平均	最小	平均	最小
第一種	5	3	15	9
第二種	5	3	18	10.8
第三種	5	3	18	10.8
第四種	5	3	18	10.8

創造開放空間能增加建物容積嗎?

所謂開放空間,是指建築基地內留設可供連通道路並供公眾通行或休憩之空間,政府對於留設開放空間的基地會給予容積的獎勵,也因此有許多為了爭取容積所造成的爭議產生。比方有些基地藉由開放空間的獎勵,爭取到建物容積,但在交屋給住戶使用時,大樓管委會以安全因素為由,在開放空間放置障礙物不讓行人通行或供大眾使用,反而失去原先政府之所以獎勵開放空間之美意。

開放空間的重要規定

並非每塊基地都適用開放空間之規劃,北市對開放空間的規定,要件如下:

一、基地面積要夠大

建築基地是完整的街廓,或符合下表規定之面積者。或是跨越二種使用分區之建築基地,其各分區所占面積與最小面積之比率合計值應大於一。

使用分區種別	基地面積（m²）
第一種商業區、第二商業區、市場用地	1,500 m² 以上
第三種商業區、第四種商業區	1,000 m² 以上

也就是說，商一、商二的基地面積至少要 1,500 m² 以上、商三、商四至少要 1,000 m² 以上，提供開放空間的話，就能增加容積。基地面積沒有超過規定的話，就不能做開放空間。

二、基地臨接道路要夠寬

建築基地臨接面前的道路要符合下表之規定：

使用分區種別	臨接道路最小寬度（m）	其地臨接道路占基地周長最小倍數
各種商業區、市場用地	10	1/5

基地臨接道路最小寬度要 10 公尺以上，不足 10 公尺者不能夠做開放空間。此外，基地臨接道路占基地周長最小倍數要 1/5。

假設基地臨接道路有 40 公尺，而基地的周長有 140 公尺，$40 \div 140 = 0.28$，1/5 是 0.2，0.28 > 0.2，符合容積增加的條件之一。

三、基地的空地比率要夠大

建築基地內留設的空地比率要符合下表之規定：

使用分區種別	空地比
第一種商業區、 市場用地	65% 以上
第二種商業區、 第三種商業區	45% 以上
第四種商業區	35% 以上

建築基地在建築時，為了安全與舒適考量，像是採光、通風、防火巷等目的，要保留一定比例面積的空地，法定空地面積就是基地面積扣除建築面積後的餘額，所以知道建蔽率就可以推算空地比率。

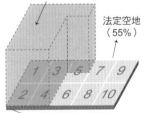

建築基地

建築物（建蔽率45%）

法定空地
（55%）

建築基地（100%）

法定空地＝建築基地－建蔽率

圖 5-11 法定空地示意圖

範例說明

假設有一塊商三的基地，容積率為 560%，要看可不可以做開放空間來增加容積，首先第一個條件在於這塊基地是否超過 1,000 平方公尺，再來臨接道路有沒有超過 10 公尺。以圖 5-12 為例，長 40 公尺、寬 30 公尺，所以此塊基地為 $40 \times 30 = 1,200$ 平方公尺，且臨接道路的那一面為 40 公尺，可知這塊地符合前兩項條件。第三就要看臨接道路的長度與基地周長的比例至少要

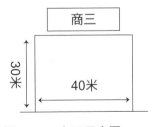

商三

30米

40米

圖 5-12 商三示意圖

1：5，這塊地的周長為 40×2 ＋ 30×2 ＝ 140 公尺，40：140 大於 1/5，所以這塊基地符合第三項之規定。

$ 開放空間的容積獎勵規定

符合開放空間三個規定的基地，並提供公共開放空間者，可享有容積率與高度放寬的獎勵，容積放寬的部分該怎麼計算，根據《台北市土地使用分區管制自治條例》第 80 條之規定，允許建築物增加的總樓地板面積，商一、商二、商三、商四的計算公式都不相同：

商一：

留設的開放空間之有效面積 × 容積率 ×2/5 ＝增設的樓地板面積

商二、商三、商四：

留設的開放空間之有效面積 × 容積率 ×1/3 ＝增設的樓地板面積

至於何謂有效面積？假設一塊商一的基地，一部分拿來當建物，其他當作開放空間供公眾使用，沒有屋頂遮掩或障礙物才會被認定為有效面積，一塊 1,200 平方公尺的基地，有一半拿來當開放空間，且被認定為有效面積，那可以增加的面積就是 600×360%×2/5 ＝ 864 平方公尺，這塊地可以增加 864 平方公尺的面積。

在投資土地前的評估作業中，一般只能先做合理評估，有效面積只能在建築師申請建照時由建管處來核定。

Q 48 房屋產權面積與公設比該如何計算？

房 子的產權面積並非只有實際居住的空間，其實你還買
下了陽台、雨遮，甚至是供公共使用的梯廳、屋突等
公共設施，這些都算在賣給你的銷售坪數裡，所以公設比高，
等於說你實際居住的空間相對被壓縮。

🏠 買房其實還包含買公設

總歸來說，買房子包含買下主建物、附屬建物與公共設施
這三種面積，建物所有權狀也會清楚載明，以下將針對買房的
一些觀念做介紹。

- 主建物：房子的主要部分，意即實際的居住空間。
- 附屬建物：與主建物相連且附屬於主建物的設施，如陽台、露
  台、雨遮等。陽台有計入銷售坪數，其面積不得超過該層樓地
  板面積的 10%，深度不得超過 2 公尺。
- 公共設施：大樓住戶共同使用的部分，簡稱公設，一般分為大
  公與小公。大公是指大樓公共建築的一部分，是「全體住戶」
  必須共同使用的空間，比如電機室、防空避難室、健身房、屋
  突等等；小公則是指「部分住戶」共同使用的空間，如各樓層
  的電梯、樓梯間。

• 公設比：就是公共設施面積占產權總面積的比例，比例越高表示公設越多，比例越少表示公設越少。

銷售面積涵蓋的範圍

　　對於要買房子的人來說，公設與公設比是絕對要清楚的觀念，假設你買進 50 坪的房子，實際居住的空間只有 35 坪，這短少的 15 坪就是你的陽台、地下室、樓梯間等設施，所以買房子之前一定要看清楚房子的權狀，才能避免誤會或糾紛的產生。

公設比

　　如果把設計平面圖展開，一層規劃 4 戶 ABCD，中間為門廳，設計成 X 與 Y 兩種形式（如圖 5-13），設計 Y 的公設比大，因為它的門廳大。

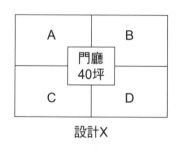
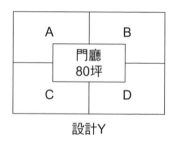

圖 5-13　公設比示意圖

　　假設當層面積有 200 坪，設計 X 的門廳有 40 坪，設計 Y 的門廳則有 80 坪，X 每一戶的面積至少有（200 － 40）÷4 ＝ 40 坪。設計 Y 每一戶的面積只有（200 － 80）÷4 ＝ 30 坪，顯而易見，公設面積與居住面積是息息相關的。

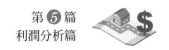

產權面積是怎麼算出來的？

假設你買了一間房子，房屋權狀上面寫 50 坪，這是怎麼算出來的呢？

建商蓋房子之前，要先取得建築執照，建築師按法規將設計圖送至都發局審核，通過後會發建照。房子蓋好後，再送交都發局，通過審核後，建商就能取得使用執照，取得使照後，地政士就會向地政事務所申請辦理第一次測量，得到測量成果圖，這個成果圖會顯示出，主建物的面積、附屬建物的面積（如陽台及露台）、你買的房子面積總坪數，其實就是地政士幫你把主建物、附屬建物面積及公設面積加總起來的。

但大樓的公設面積是如何計算的？假設你家主建物是 100 m^2，附屬建物為 10 m^2，而整棟大樓之主建物面積為 1,500 m^2，公設總面積是 1,200 m^2，你家需要分攤的公設面積就是 $100 \div 1,500 \times 1,200 = 80$ m^2，你家全部的坪數就是 100（主建物）＋ 10（附屬建物）＋ 80（公設）＝ 190 m^2。

Q 49 如何增加大樓與透天厝的效益？

每塊土地的規劃不同，可以創造的總銷售金額也不同。舉例來說，1 樓要規劃為店面或是住宅，創造的價值就可能差了「一個億」，讓專業的人士幫你規劃，可以創造更大的土地價值。

💲 如何提升大樓的商業價值

土地的獲利空間很大，就看你會不會規劃。一樓的商業價值通常很高，因為可以設置店面，但 2 樓可能只有 1 樓 1/4 的價值，所以這裡說的收益就是指將大樓價值最高的樓面增加，擴大獲利空間，有以下兩種作法：

一、將商業價值高的 1 樓，做成「1 + 2 樓」金店面

一般來說，1 樓與 2 樓以上的樓層是分開計算單價的，因為 1 樓可以做店面，所以單價很高，2 樓以上的樓層單價相對就低很多，因為是規劃作為住宅用途。

既然如此，如何在商業價值極高的 1 樓，創造更大的獲利呢？這時候你可以考慮做「1 + 2 樓」的店面，如此一來，2 樓的價值也會跟著水漲船高。

　　所謂「1＋2樓」店面，就是2樓也規劃成店面，創造2樓店面高單價的價值，所以「1＋2樓」一起賣，也是目前極夯的方式。

　　假設原本2樓有200坪，每坪售價50萬，而1樓一坪售價為200萬，如果2樓做成「1＋2樓」的店面，那麼2樓極可能賣到每坪100萬，每坪多創造50萬的獲利，200坪的坪數就可以創造出1億的價值。

二、將商業價值高的1樓面積極大化

　　如果1樓土地的商業價值很高，那麼我們在規劃時，究竟要設計成A案的「瘦高型」，還是B案的「矮胖型」呢？答案是B，矮胖型的大樓。

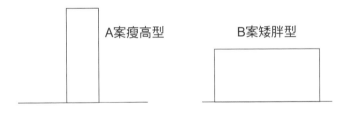

圖 5-14　1樓面積規劃方案

　　原則就是1樓價值很高，所以增加1樓店面的面積，就能擴增財源。計算總銷金額時，跟面積與單價有關，單價高的面積越多越能創造利潤，因此規劃的時候，必須設法創造這塊地的價值，若採用瘦高型的設計就可能讓你損失好幾個億喔。

Investment in
Real Estate

🏠 透天厝的收益

搞清楚是採建坪銷售還是地坪銷售

　　建坪跟地坪是不一樣的概念，建坪是指建物產權面積，地坪則是指持有土地的坪數，也就是基地面積。關於透天厝的銷售，北部是以「建坪」來計算，但南部如高雄多以「地坪」來計算，原因在於南北銷售透天厝所習慣的計價方式不同的緣故。

　　透天別墅通常會先蓋好法定停車位，賣出後由屋主動工改成一樓客廳，車子停在外面的法定空地上，這種作法叫二次施工。將停車位改為室內空間，雖然等於變相增加使用面積，但仍屬於違規使用。

Q50 土地成本與營建成本有哪些?

從買地到蓋房,到最後售出為止,所需要負擔的成本可以概分為六大類,首先,買地就會有土地成本,買好地後就要請建築師設計規劃,便會產生設計成本,在取得建物執照後就要請代銷公司銷售,就有銷售費用。銷售後開始施工興建,這時候就會有營建成本。另外尚有土地融資、工程融資的利息成本,與繳交土地增值稅的成本,整理如下:

1. 土地成本:

   購地款、路權、私下地主價差、地上物、補貼款(承租、侵占)、佣金、地價稅成本。

2. 營建成本:

   發大包或發小包、營建成本、建照之工程造價及管理基金。

3. 設計成本:

   建築師、外觀設計、燈光設計、鑽探費用、跑照費用、公設規劃、結構(如機電、景觀)設計、(結構外審、都審、環評)審查費。

4. 管銷成本:

   銷售費用、管理費用。

5. 利息成本:

土地融資費用、工程融資費用。

6. 土地增值稅成本。

土地成本

土地取得的成本，不單只有購買土地的費用，還包含給經紀人的佣金、測量、登記、過戶費用，以及整地、清理、美化環境等費用。又或者，購買的土地有需要拆除的老建物，則拆除費用也是土地成本的一項，因為這些支出都是使土地呈現可供使用狀態而產生的費用。

土地成本大致包含 8 種，是買方須要承擔的項目，分別說明如下：

1. **購地款：**

顧名思義，就是指購買土地的款項。

2. **私下地主價差：**

其實算佣金的一種，有時候土地並非經由正式管道，很多時候是地主的親屬朋友介紹來得，最常見的就是兄弟姊妹或是夫妻，可能地主的老婆來接洽，私下跟仲人協議，買賣成交的話就要分與她一些好處，如果是企業內部，就是所謂的回扣，實務上很常見，但這種作法並不合法。

3. **路權：**

建築基地依法必須有建築線才能興建房屋，而建築線又須與計畫道路或現有巷道相連，如果沒有建築線，表示無法申請建築執照。另外，基地的通行權也很重要，附近的通行是計

畫道路還是現有巷道、是否已被徵收、進出動線有無障礙等問題，都要考慮進去。若沒有從計畫道路進出的動線，試問施工時車輛要如何進出？又或者，周遭私有土地的地主封鎖了你出入的動線，或控訴你侵入私人土地，又該怎麼辦？這時候你只能去協商鄰近建築線的地主賣地，或是請對方販賣通行許可權益，如此一來，便又多出一項開銷。

4. 地上物：

這個「隱藏版陷阱」，之前已經有提過。如果你買了上面有房子的土地，不是等著被人坐地起價，就是動彈不得，因為這塊地沒有辦法開發，你必須把地上物一併買下才行。如果屋主喊價 2 億，那你是買還是不買？碰到這個問題，解決的方法就是，**在簽土地合約時註明「價款包含所有的地上物」**，表示你支付的價款就是連同土地與地上物的全部價值，如此一來就可避免上述所說的風險。

5. 補貼款：

購買的土地如果有承租給第三方，基於買賣不破租賃原則，這時候為了能順利開發，可能就必須跟對方協議、補貼對方損失。另外，法拍取得的土地或法拍屋常常會遇到有屋主占據不走的情況，也是同樣需要付出一點代價，以取得土地能順利開發的狀態。

6. 佣金：

成交的話，一般佣金的行情是土地總價的 1%，不過也不一定都給 1%，成交總價高的佣金比率就可以談低一點，總價

低的佣金比率就談高一點，這都是雙方可以協議的。

7. **地價稅：**

持有不動產者，每年固定要繳納的稅有房屋稅與地價稅，地價稅課稅的基礎是公告地價。

8. **土地增值稅：**

土地增值稅課徵的對象是賣方，也就是地主，土地所有權人在移轉土地時因自然漲價要被課徵的稅，也就是說，當你買下土地、開發直到將房子過戶給其他人時，這段時間少說也要兩三年，你的身分也變成賣方，這時候同樣必須課徵土地增值稅。

🏠 營建成本

看需求來決定是要發大包或發小包

要怎麼蓋房子有兩種方式，一是自己來，將營造工程個別委外，但成本的掌控、聯繫廠商、工程進度規劃等都由自己包辦，這就是所謂的「發小包」，費用較低，通常有工務背景的人會採用這種方式。你也可以全權委託營造廠幫你打理一切事宜，省時省力，但成本較高，這就是「發大包」。

有些建商為了控制成本，決定自己做，只將某部分外包出去，這就是「發小包」。如果建案不大，你本身有工務的背景，對採購、發包的成本很有研究，小案子建議你就自己發包，可以省成本；大的案子就發大包，因為大案子需要大的營造商，

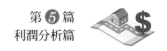

因為品牌加持可以創造房價。

影響建案的定價策略──營建成本

　　建商推定的房價跟它的成本息息相關，其中以土地成本為最大宗，營建成本次之。一般來說，每坪的營建成本落在九萬至十幾萬之間，若是二十幾萬的工務成本就是蓋豪宅的等級。

　　營造工程主要就是進行拆除、建築、機電、鑑價、鑽探、協助開闢公共設施等工程，營造工程費用會因使用的材料、工法、建物設計、基地位置與規模而有差異，樓層高度因為會影響施工難易度，成本也會受到影響，也就是說，建築主體樓層越高，成本越高。

　　如果想要了解各個縣市的造價標準，可以上「中華民國估價師公會全國聯合會」網站查詢，但上面提供的數據「僅供參考」，因為與實際造價還是有不小的落差，可能還需要再增加5成左右，才比較符合目前實際的營建成本。

Investment in
Real Estate

Q51 設計、廣銷與融資利息的成本有哪些？

除了土地成本與營造成本外，設計成本、廣銷成本、融資利息的成本與稅金成本也會影響到建案的成本，以下將分別介紹這些成本究竟從何而來。

表 5-9　建案成本細項與內容整理

類別		細項與內容
營建成本	營造工程費	拆除工程、建築工程、機電工程、鑑價費用、鑽探費用等
	規劃設計費	建築設計相關費用、土木技師費用、結構技師費用
	廣告銷售費	預售廣告銷售費用
	管理費	人事管理費、營建工程管理費、公寓大廈管理基金、開放空間基金
	稅捐及其他	印花稅、營業稅、地價稅、契稅、土地增值稅
	資本利息	各項貸款利息（土建融資現行利率約 2.9%～3.2%）
購地成本		購買私人土地成本、標地成本
毛利		合理毛利約占總成本的 2～3 成

$ 設計成本

設計成本就是跟建築設計相關的費用，包括請建築師來設計平面圖或立面圖、建物外觀的設計、燈光、鑽探、跑照、公設規劃、結構設計、機電設備、結構審查等。

現在很多大型的建案都是請國際知名的大師來操刀外觀設計，但國外建築師沒有國內建築師牌照，所以常與國內建築師配合，國內的建築師有建照可以送審，而國外的建築師則針對外觀提出意見、提供設計圖，現在跨國的合作案都是採用這種模式進行。

鑽探費用是指在設計之前要先了解基地的地質，探查是否有土壤液化的問題，所以需要事先鑽探，確認土地的地質好不好，需不需要做土壤改良，這攸關營建成本是否增加。

$ 廣銷成本

廣銷成本主要分為銷售費用與管理費用這兩種形式，請代銷公司幫你銷售，代銷公司的銷售方式主要有三種，包銷制度、純企劃方式與包櫃方式。代銷公司先負擔所有廣告媒體、接待中心、人員薪獎、企劃等費用，最後再按成交金額請款，通常是成交金額的 4% 到 6%，就是包銷制。如果代銷公司先負擔企劃費用及人員薪獎費用，再按成交金額向建設公司請款，一般約 3% 到 4%，那就是純企劃制。包櫃制是指代銷公司負擔人員薪獎費用，按成交金額請款 2%。看你需要代銷公司幫你做到什

麼程度，最後再依成交金額結款給對方。

　　管理費用是指人事的管理費用，主要有薪資、租金、裝潢折舊等等，管理成本很難有一定的標準，主要是因為每個公司的作法都不盡相同，聘僱的人員多寡、辦公室租金等，都是相當主觀的變素，我們「創世紀不動產教育訓練中心」的一名學員，每年固定推出 5 億的建案，但旗下員工只有 1 人，也有學員連續幾年都沒推案，但是要養 10 名員工，故很難有一標準衡量此部分的成本。

🏠 利息成本與稅金成本

利息成本

　　買土地需要一筆龐大的資金，因此或多或少都必須向銀行融資，依主體分為土地融資與建築融資這兩種方式。土地融資的成數一般為土地金額的七成，而建物融資的成數一般為建築成本的五成。如果銀行放款的金額不夠怎麼辦？現在有專門做給建商融資的公司，叫租賃公司，不夠的部分就可以跟他們借貸，但收取的利息比較高。有些小型建商準備的資金有限，即使二胎借款還是不夠用，而必須再向「民間借款」。專辦民間借款的公司利息非常高，行情大概是借 100 萬，每個月利息 2 萬，一年就要 24 萬，非常不建議以這種方式借款。這些利息成本是否有必要，要如何融資，在買地前都必須考慮清楚。

稅金成本

　　建商還需要負擔稅金，比如營業稅、地價稅、土地增值稅等等，要特別注意的是，土地增值稅是由賣方承擔，當建商從買地到蓋好房子、到交屋，期間大概就要 3 年，最後過戶到消費者手上時，就要繳付土地增值稅，這也是建商的一大成本。

Q *52* 如何計算土地投資報酬率？

我們要買地之前，一定要去調閱細部計畫書，因為計畫書裡面會有詳細的土地使用管制規定，現在我們就以台北信義計畫區「〇〇上市公司開發案」做個案討論。

一、銷售面積計算

1. 基地面積＝ 3,500 平方公尺

   說明：此為基地實際謄本面積。

2. 允建建築面積＝ 3,500×40％ ＝ 1,400 平方公尺

   說明：此塊基地的使用分區規定之建蔽率為 40％。

3. 可建容積計算：

   (1)基準容積（FA）＝ 3,500×292％ ＝ 10,220 平方公尺

   　說明：此基地部分容積率為 400％，部分容積率為 200％，

   　　　　平均容積率為 292％。

   (2)開放空間（上限 20％）＝ 10,220×0.1 ＝ 1,022 平方公尺

   　說明：此為商業區土地，可以適用開放空間獎勵，並以獎

   　　　　勵值 20％ 的一半 10％ 計算。

   (3)環境影響獎勵（上限 5％）＝ 10,220×0.025 ＝ 255.5 平方

   　公尺

說明：此為都市計畫獎勵，預估以獎勵值 5% 的一半 2.5%
計算。

(4)可建總容積＝(1)＋(2)＋(3)＝ 11,497 m^2

說明：可建總容積的計算，為基準容積＋開放空間容積獎
勵＋環境獎勵之加總。

4. 機電設備空間面積 = 11,497×15% = 1,724 m^2

說明：機電設備空間面積是以可建總容積的 15% 計算。

5. 地上樓地板面積＝（可建總容積＋機電設備空間）÷0.95

＝（11,497 ＋ 1,724）÷0.95

＝ 13,917 m^2

說明：地上樓地板面積包含可建總容積、機電設備空間及梯
廳，梯廳面積為可建總容積之 5%。

6. 總陽台面積＝地上樓地板面積 ×10%

＝ 13,917×10% = 1,392 m^2

說明：陽台面積為地上樓地板面積的 10%。

7. 總梯廳面積＝地上樓地板面積 ×5%

＝ 13,917×5% = 696 m^2

說明：總梯廳面積為地上樓地板面積的 5%。

8. 屋突面積＝預估建築面積 ÷8×3 層

＝ 3,500×20%÷8×3 = 263 m^2

說明：預估建築面積為法定建蔽率 40% 的一半 20%。

9. 地上興建面積 = 5 ＋ 6 ＋ 8

＝ 13,917 ＋ 1,392 ＋ 263

$= 15,572 \text{ m}^2 \times 0.3025$

$= 4,710$（坪）

$4,710 \times 1.05$（雨遮面積）

$= 4,945$（坪）

說明：梯廳面積因已包含在地上樓地板面積裡，故不重複計算。

10.法定汽車停車數＝（可建總容積＋梯廳）÷120

$=（11,497 + 696）÷120 = 102$ 部

102 部 $\times 40 \text{ m}^2$

$= 4,080 \text{ m}^2$

說明：每 120 m^2 須設一部法定汽車停車位。

11.法定機車停車數＝（可建總容積＋梯廳）÷100

$=（11,497 + 696）÷100 = 122$ 部

122 部 $\times 4 \text{ m}^2$

$= 488 \text{ m}^2$

$= 148$ 坪

說明：每 100 m^2 須設一部法定機車停車位。

12.地下室開挖面積（10 + 11）

$= 4,080 + 488$

$= 4,568 \text{ m}^2$

$= 1,382$ 坪

說明：地下室開挖面積須滿足法定汽車停車位面積及法定機車停車位面積。

13. 可銷售面積：

1F 店面說明：1F 店面之建蔽率 20%，因有一半預估規劃做店面，所以為 10%。

1F ＝基地 3,500×10%×0.3025×1.3（陽台、機房）

＝ 138 坪

可銷售面積（9 ＋ 11）

＝ 4,945 ＋ 148

＝ 5,093 坪

說明：銷售面積為「地上興建面積＋法定機車停車位面積」。

14. 興建面積（9 ＋ 12）

＝ 4,945 ＋ 1,382

＝ 6,327 坪

$ 二、銷售收入

	面積	單價	總價
1F 店面	138 坪	840 萬	155,920 萬
2F ～ 14F	4,955 坪	280 萬	1,387,400 萬
車位	102 部	450 萬	45,900 萬
總計			1,589,220 萬

$ 三、成本分析

1. 土地成本＝ 1,059 坪 ×823 萬＝ 871,557 萬

說明：土地成本為公告購買價格 871,557 萬。

2. 建築成本＝ 6,327 坪 ×25 萬＝ 158,175 萬

3. 設計費＝ 158,175 萬 ×3.5%＝ 5,536 萬

說明：設計費則預估以建築成本的 3.5% 計算，此為經驗值。

4. 土地增值稅＝ 3,500 m^2 ×100 萬 ×0.2（稅率）×0.4（增幅）
＝ 28,000 萬

說明：土地增值稅為基地面積 × 每 m^2 公告現值 × 土地增
值稅 × 預估的土地公告現值增幅＝ 3,500×100 萬
×0.2×0.4＝ 28,000 萬。基地面積 3,500 m^2，每平方
公尺公告現值為 100 萬，土地增值稅率 0.2，預估土地
公告現值增幅 40%。

5. 土地融資利息＝ 871,557 萬 ×0.6×0.02×4＝ 41,835 萬

說明：871,557 萬為土地金額，0.6 為貸款成數，0.02 為貸款
利率，4 為全案購地到交屋的年數。

6. 建物融資利息＝ 158,175 萬 ×0.5×0.02×3×0.5＝ 2,373 萬

說明：158,175 萬為工程金額，第一個 0.5 是貸款成數，0.02
為貸款利率，3 為全案施工年數，第二個 0.5 是工程融
資非一次撥款，而是按施工進度撥款。

7. 廣銷費＝ 1,589,220 萬 ×5%＝ 79,461 萬

說明：代銷費用約為總銷金額的 5 至 6%。

8. 成本小計＝ 1,186,937 萬

說明：成本總計為第 1 至 7 項之相加。

$ 四、利潤分析

1. 利潤＝總銷金額－總成本

   ＝ 1,589,220 萬 － 1,186,937 萬

   ＝ 402,283 萬

2. 投資報酬率＝利潤 ÷ 總銷售金額

   ＝ 402,283 萬 ÷ 1,589,220 萬

   ＝ 25%

也就是說，此規劃案的預估成交價在 280 萬／坪，建商方有 25% 的合理利潤。

如果你對土地投資有高度興趣，但礙於專業知識不足而無法行動，你也可以到「創世紀不動產教育訓練中心」找筆者解惑，但需事先預約。期待各位讀者投資土地都能獲利，希望在能力有餘之際，也別忘了回饋社會，幫助弱勢團體，讓台灣這塊土地變得更美好。

免責聲明

每筆土地因面積、位置、形狀、面臨道路及適用法令不同，故投資土地之前，仍然需要讓專業人士再次確認興建面積，本書僅為購地參考，投資者仍需自負盈虧與風險，與作者和出版社無涉。

第 6 篇

都市危老商機篇

在台灣這塊的土地上，擁有不少經歷風吹日曬的建築，

守護我們安身立命的這些房子，隨著時間日漸衰老，

不管是建材、管線、還是設備等，都陸續達到了使用的年限，

為了大家的安全與整體都市規劃，

政府近幾年非常積極地想要解決屋齡老化問題，

於是設立不少相關法案條例，

透過鼓勵的方式推動民眾一同加入都市更新及危老建築改建的

行列，讓大家住得更安全！

本篇將帶你認識，原來老房子也很值錢、也有改建的機會！

Q53 都市危險及老舊的建築如何判定？

有形的東西都不免會損壞或受到時間的侵蝕，我們居住的房子也不例外，長期的時用使設備鈍化，日經風吹日曬使結構老化，在我們肉眼看不到的地方可能正在發生足以撼動整體結構的變化，若不加以改善，長期以往將造成難以抹滅的災難也不一定。為此政府目前積極推動危老建築的重建政策，就是要讓民眾住得安心，也一併整頓市容，提升住的品質，接軌國際。

$ 危險及老舊建築的定義

法條依據

依照《都市危險及老舊建築物加速重建條例》第3條第1項，如果該建築位於都市計畫範圍中，但是又無歷史、藝術、文化或其他紀念價值，只要符合下面列舉的其中一項的合法建築物，便屬於適用該條例進行重建的危險老舊建築：

1. 經建築主管機關依建築法規、災害防救法規通知限期拆除、逕予強制拆除，或評估有危險之虞應限期補強或拆除者。

2. 經結構安全性能評估結果未達最低等級者。

3. 屋齡 30 年以上，經結構安全性能評估結果之建築物耐震能力未達一定標準，且改善不具效益或未設置昇降設備者。

台灣最「危老」的城市

台灣除了人口老化，屋齡也是正比提升，老舊的房子不僅影響市容，更有可能會帶來許多安全的疑慮、危害到民眾的日常生活，畢竟台灣位處地震帶，時常有地震的發生，如果屋齡過高、設備老化，將無法承受地震帶來的波動，更可能造成極大的災情。

而目前台灣擁有最多危險與老舊建築比例的都市，就是「台北市」與「新北市」，也是人口最密集、經濟最活絡的地方，因此對於這兩座城市，政府增添了很多預算與辦法，希望翻新這裡的老舊建物，還給人民一個住的安全。

危老建築重建計畫範圍

為了有效地利用土地以及大規模整合都市用地，《都市危險及老舊建築物加速重建條例》第 3 條第 2 項中有規定重建計畫範圍，即符合「前項合法建築物重建時，得合併鄰接之建築物基地或土地辦理。」不過要注意的是，鄰接的基地或土地範圍，不可以超過該建築物的基地面積，也就是說有以下兩個要件：

1. 重建計畫範圍＝符合危老之原建築基地＋合併鄰接之建築物基地或土地

2. 符合危老之原建築基地 ≥ 合併鄰接之建築物基地或土地

Q54 危老重建有何商機？

有一位創世紀的學員跟仲介公司買了房子，經過半年，他發現此屋為海砂屋，且地板有傾斜，一怒之下，欲告仲介公司及屋主詐欺。此時，有建商登門拜訪，願意以市價多三成的價格購買他的房子，學員覺得很奇怪，為什麼海砂屋且地板有傾斜的房屋會有建商願意以市價多三成的價格來收購？原來是因為近幾年興起的「危老商機」。

💲 危老重建之適用法條

所謂危老商機的法令，包含了《都市危險及老舊建築物加速重建條例》、《都市危險及老舊建築物建築容積獎勵辦法》及《都市危險及老舊建築物加速重建條例施行細則》等相關法條，因為大多以《都市危險及老舊建築物加速重建條例》為主，所以該條例又被稱為危老條例。

上述案例中，要了解建商為何願意高價收購海砂屋，就要先認識一下何謂海砂屋，海砂屋用的是所謂的高氯離子鋼筋混凝土，因為混凝土混充的是海砂，所以一般俗稱海砂屋。海砂中的氯離子會令牆面長出壁癌，長期則會腐蝕鋼筋，造成混凝土塊剝落，房子的結構安全因此備受威脅。因此海砂屋有拆除

的急迫性，也是政府優先強制拆除的建築標的。

　　綜上所述，買的既是海砂屋又地板傾斜，當然適用危老條例，政府為鼓勵住戶危老重建，祭出許多獎勵補助以及稅捐減免之措施，建商便是看中其中巨大商機，以下將逐步說明危老重建有哪些好處。

危老重建之容積獎勵

　　《都市危險及老舊建築物加速重建條例》第 6 條第 1 項提到獎勵的上限：「重建計畫範圍內之建築基地，得視其實際需要，給予適度之建築容積獎勵；<u>獎勵後之建築容積，不得超過各該建築基地 1.3 倍之基準容積或各該建築基地 1.15 倍之原建築容積</u>，不受都市計畫法第 85 條所定施行細則規定基準容積及增加建築容積總和上限之限制。」

　　為鼓勵加速重建，危老條例第 6 條第 2 項規定，符合下列條件將再給予獎勵，不受上述獎勵上限之限制：

1. 施行後三年內：各該建築基地基準容積百分之十。
2. 施行後第四年：各該建築基地基準容積百分之八。
3. 施行後第五年：各該建築基地基準容積百分之六。
4. 施行後第六年：各該建築基地基準容積百分之四。
5. 施行後第七年：各該建築基地基準容積百分之二。
6. 施行後第八年：各該建築基地基準容積百分之一。

獎勵建築基地 1.3 倍之基準容積

民國 88 年 6 月 18 日政府實施容積率的管制，危老則有 1.3 倍的基準容積。根據《都市更新建築容積獎勵辦法》第 3 條對於基準容積的解釋，「指都市計畫法令規定之容積率上限乘土地面積所得之積數」。例如台北市第三種住宅區的容積率是 225%，若是危老建築，最高可以爭取 30% 的容積獎勵。

獎勵建築基地 1.15 倍之原建築容積

原建築容積則是「指實施容積管制前已興建完成之合法建築物，申請建築時主管機關核准之建築總樓地板面積，扣除建築技術規則建築設計施工編第一百六十一條第二項規定不計入樓地板面積部分後之樓地板面積。」

沒有實施容積率之前，興建房屋的高度是以面臨的道路寬度的方式計算可建高度。在容積率實施前，房屋的樓高可以蓋的高度的計算公式為：6 + 1.5× 路寬計算。假設一塊基地臨路寬 10 米，則可興建高度為：6 + 1.5×10（米）＝ 21（米），如果每樓層高度為 3 米，則可以蓋到七樓。

也就是說，透過危老重建，屋主將可沿用舊的建築法規興建更多的建築面積。

所以說，上門拜訪的建商，才會願意以比市價高出三成的價格收購，因為建商在旁邊已有建築基地，只要獲准危老重建的申請，建商便可鄰接周邊土地與海砂屋本身之基地，加上時

程獎勵,最高可以獲得 40% 的容積獎勵。

⑤ 危老重建之稅捐減免

　　由於危老重建是政府正在推動的政策,除了建築容積獎勵之外,在稅賦方面也提供了許多重要優惠,危老條例第 8 條便規定,在危老條例施行後的五年內申請之重建計畫,重建計畫範圍內之土地及建築物,只要經直轄市、縣(市)主管機關同意,得依下列規定減免稅捐:

1. 重建期間土地無法使用者,免徵地價稅。但未依建築期限完成重建且可歸責於土地所有權人之情形者,依法課徵之。

2. 重建後地價稅及房屋稅減半徵收二年。

3. 重建前合法建築物所有權人為自然人者,且持有重建後建築物,於前款房屋稅減半徵收二年期間內未移轉者,得延長其房屋稅減半徵收期間至喪失所有權止。但以十年為限。

　　總而言之,在政府政策帶頭的趨勢之下,房地產業內因危老建築衍伸出了許多新的商機,所以 30 年以上之老舊建築物,都極有可能有重建的價值,都市內屋齡越老的房屋越有機會重建,甚至很有可能以高於市價的價格出售給正在進行土地整合的建商們。

Q55 如何判斷自宅是否是危老建築？

既然人人都開始熱衷討論、投入危老商機，那麼自己住的房子是否有機會申請危老重建？哪些算是危老建築物？要想判斷是否是危老建築，就必須掌握危老建築的適用範圍，危老條例第 3 條：「本條例適用範圍，為都市計畫範圍內非經目的事業主管機關指定具有歷史、文化、藝術及紀念價值，且符合下列各款之一之合法建築物……」從這段敘述可知，判定危老有四大要素：需要在都市計畫範圍內、非歷史文化古蹟、屬於合法建築物，且房子架構需符合危老評估，需滿足這四大要素，你的房子才能危老重建。

💲 危老建築適用範圍

一、都市計畫範圍之內

在台灣，土地主要有兩種劃分，就是都市土地與非都市土地。前面一直提到的危老重建是有條件的，先決條件就是必須為都市土地，所以如果自己看中或持有的土地屬於非都市土地，那就不用考慮危老重建了。

要確認土地是否位於都市計畫之中，可以透過調閱土地謄

本來查詢，可以回頭參考第 2 篇的〈產權調查、勘查土地篇〉。謄本主要有三個區塊，分別是標示部、所有權部，以及他項權利部。

所以我們想知道土地屬性，第一步把標示部調出來，裡面有個使用分區，若是使用分區是空白的，那就是都市土地，如果不是空白，上面寫著甲種、乙種、丙種、丁種，那種就叫做非都市土地。記住，危老條例就叫作《都市危險及老舊建築物加速重建條例》，看名稱就知道，危老條例的實施目的就在於重建都市內的危老建築。

二、非歷史建築或古蹟

雖然為都市內的建築，但若是屬於歷史建築或古蹟則不可以進行危老重建，因為歷史建築具有歷史與文化價值，必須好好保存，不可以拆除，台灣各地的歷史建築及古蹟都有列管，想知道是否屬於歷史建築或古蹟可以至各地方政府的文化局網站查詢。

三、合法建築物

想要進行危老重建，除了在都市計畫範圍內又非歷史建築或古蹟之外，最重要的是這建築物的存在要合法！

權狀──房屋的身分證：一般來說，建造房子會需要有建照，再來要有使用執照，然後經過地政事務所辦理保存登記後領到的權狀，就是房屋的身分證，用來證明這塊土地、房子屬於誰，通常建築物有使用執照就會有建物權狀，有建照卻沒有

使用執照的話，是沒有辦法做建物登記的。

特殊情況下的合法建物：權狀雖然是房子的身分證，但沒有權狀真的意味著該建物就是不合法的嗎？有一種情況是這樣的，房屋在興建的過程中就已經有了使用執照，而屋主也開始使用了，但是卻一直沒去地政事務所申請辦理權狀、不去辦保存登記，這樣屬於非法嗎？答案是合法的，因為有建照、也有使照，只是沒去辦理權狀，這棟建築物在法律上仍為合法存在。

至於有人問說建築有門牌、稅單，也有水費、電費帳單，是否為合法建築物？這需要各縣市的建管處去認定。

四、房屋性質與結構

除了上述三點是必須的以外，接下來的項目則是擇一即可，也就是說符合前述三點之外，只要再符合以下其中一項條件的建築物都屬於可以申請危老重建的標的。

1. 海砂屋及輻射屋結構，那麼肯定可以進行危老重建。
2. 屋齡 30 年以上，無電梯的建物，經危老的初步評估結果為乙級或未達乙級。
3. 屋齡 30 年以上，有電梯的建物，經危老的初步評估結果為未達乙級，若是乙級的話，就需要進行危老的詳細評估，且評估結果為改善不具效益，才可進行危老重建。

Q56 危老重建前有哪些注意事項？

危老越早做，就代表越有商機。前面章節解釋了判斷危老的條件和適用範圍之後，如果都一一符合，也想要進行危老重建的話，那麼最重要的就是向直轄市、縣（市）主管機關申請核准，申請之前需要進行評估，危老建築的評估主要是由建築師公會、結構技師公會或土木技師公會來進行耐震評估，以下將針對危老建築的評估與重建流程，一一為大家說明。

危老初步評估

危屋或老屋的判定，都需要進行「結構安全性能評估」，可以理解成是替房子做健康檢查，屋主可以委託 3 大公會到府進行建築的耐震評估。評估分為初步評估和詳細評估兩種，初評階段將初步判定房子的等級，甲級表示安全、乙級表示有安全疑慮、未達乙級則表示危險建築。若是有電梯的大樓被判定為「乙級」者，需要再進行詳評；判定為「未達乙級」的房屋，則逕行重建。

1. 甲級：安全，尚無疑慮，表示房子很堅固，不能做危老。
2. 乙級：尚有疑慮，若是 30 年以上、無電梯的建物，則可進

行危老重建。若是 30 年以上、有電梯的建物,則需再進一步進行詳細評估,並且確認為改善不具效益,才可進行危老重建。

3. 未達乙級:可以危老重建。

甲級
危險度總評估分數R≦30
＊暫無須補強或重建

甲級
尚無疑慮

乙級
30＜危險度總評估分數R≦60
＊符合屋齡30年以上,經詳細評估改善
　不具經濟效益或未設置昇降設備。

乙級
有安全疑慮

未達最低等級
危險度總評估分數R＞60
＊逕行重建

未達
乙級

圖 6-1　結構安全性能評估的三種等級

最後要提醒大家一點,結構安全性能評估的結果決定了你的房子是否適用危老條例。

耐震能力初步評估[Preliminary Seismic Evaluation of RC Building]-V4.0

PSERCB

評估者：▮

列印日期：▮▮/2/10

單項評估	性能類別	評估分數（危險度總評估分數 R）	等級	說明	評估基準	評估結果
結構安全耐震評估	初步評估	32.1	甲級	尚無疑慮	評估分數(1)≧70（即危險度總評估分數 R≤30）	□
			乙級	尚有疑慮	70>評估分數(1)≧40（即 30<危險度總評估分數 R≤60），建議辦理耐震能力詳細評估	■
			未達最低等級		40>評估分數(1)（即危險度總評估分數 R>60）	□

備註：(1)「評估分數」之定義為「100-危險度總評估分數 R」

綜合評估建議

依據申請人提供之建物謄本及現況，本棟結構為 1 層加強磚造結構。
其屋況年久失修，滲水及白華現象嚴重，牆面及地坪均有裂縫及沉陷現象

評估機構查核

台灣省結構工程技師公會查核章
本公會僅對評估學理部份進行查核，其餘如計算過程、現場檢測及相關評估內容等均由本報告書簽證專業技師自行負責。

*依都市危險及老舊建築物結構安全性能評估辦法第五條規定，初步評估結果，應由評估人員所屬評估機構查核。

圖 6-2　耐震能力初步評估結果

$ 危老建築評估辦法

危老條例第 3 條第 6 項中，提到了結構安全性能評估之辦法，對於建物「結構安全性能評估之內容、申請方式、評估項目、權重、等級、評估基準、評估方式、評估報告書、經中央機關評定之共同供應契約機構與其人員資格、管理、審查及其他相關事項之辦法，由中央主管機關定之。」

若是對鑑定結果有異議的話，可以透過向直轄市、縣（市）政府申請組成鑑定小組來受理當事人提出的異議，鑑定小組的組成、執行、運作還有其他應該遵行的事項、辦法，是由中央主管機關來決定。

最重要的是，當確定要進行危老重建時，需要重建計畫內的全體土地及合法建築物的所有權人之同意，才能申請危老重建。

$ 危老用地大小並無限制

在進行評估的時候，危老重建用地的大小並沒有限制，不會因為土地過小而無法進行評估。根據《台北市畸零地使用自治條例》第4條規定，建築基地有幾種情形之一者，非屬畸零地，第6項並補充，符合下列情形，可於原建築基地範圍內新建、改建或修建者：

1. 依土管自治條例第九十五條之二規定重建。
2. 依《都市危險及老舊建築物加速重建條例》規定重建。

3. 依台北市高氯離子混凝土建築物善後處理自治條例規定重建。

4. 依台北市輻射污染建築物事件善後處理自治條例規定重建。

也就是說，在台北市的危老屋都可以重建，並不受到畸零地的限制，所以也才有 19 坪土地重建的狀況！

危老評估的費用與補助

若是想要針對建築物標的進行危老評估，則需要先預備一筆支出來負擔危老評估的費用，依照各公會公告的費用，平均初步評估一幢房屋約需要 2 萬元的費用，詳細評估則需要約 20 萬元，著實也是一筆不小的負擔，政府為了順利推動危老重建政策，在評估方面也推出評估費用補助辦法，據《中央主管機關補助結構安全性能評估費用辦法》第 3 條之規定：

1. 依評估費用補助。但總樓地板面積未達三千平方公尺者，每棟補助額度不超過新台幣一萬二千元；總樓地板面積三千平方公尺以上者，每棟補助額度不超過新台幣一萬五千元。

2. 審查費：每棟新台幣一千元。

3. 行政作業費：每棟新台幣五百元。

政府的主管機關得補助結構安全性能評估的費用，但其申請要件與補助額度，還有申請方式與其他須遵行事項之辦法和自治法規，由各地方的主管機關來決定。

$ 危老重建前置作業流程

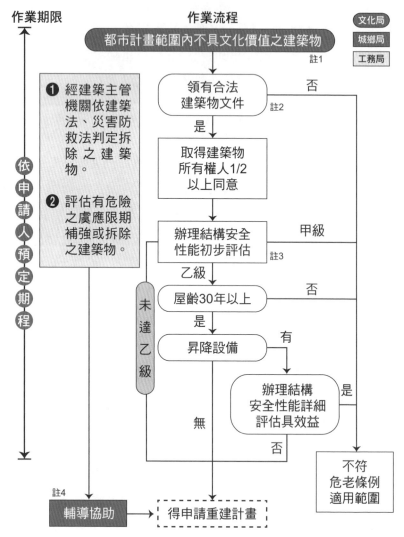

圖 6-3　新北市危老重建前置作業流程示意圖

資料來源：新北市政府

註1：民眾應向文化局確認是否具文化價值之建築物。

註2：合法建築物文件為：使用執照、建物登記或合法房屋證明文件。

註3：

- 完成結構安全性能評估後，任一階段皆可向工務局申請評估費用。
- 結構安全性能評估報告書併公會鑑定文件檢送工務局函轉都市更新處。
- 申請異議鑑定
  針對評估結果有異議者，由當事人提出申請，工務局受理。

註4：經工務局依建築法規、災害防救法規通知限期拆除、逕予強制拆除或評估有安全疑慮應限期補強或拆除之合法建物申請重建者，本府可就重建計畫涉及之相關法令、疑義諮詢及計畫書圖釐清等事項予以協助。

註5：

- 重建完成前應依專業技師／建築師建議修繕並持續自行檢視，直至建築物修繕或拆除完成。
- 如屋況損壞情況嚴重，經專業技師／建築師評估建議停止使用者，待改善完成方可使用，如經輔導仍未改善者，為維護民眾安全，工務局得依建築法相關規定處以罰款，必要時停止使用、停止供水供電。

危老重建申請作業流程

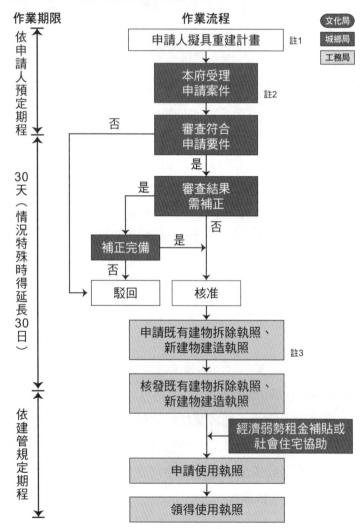

圖 6-4　新北市危老重建申請作業流程示意圖

資料來源：新北市政府

註 1：依新北市政府危老條例重建計畫書範本規定製作。

註 2：申請重建應檢附文件（申請要件）

- 申請書
- 符合危老條例第 3 條第 1 項及各款之一所定之證明文件或第 3 項所定未完成重建之危險建築物證明書
- 重建計畫範圍內全體土地及合法建築物所有權人名冊及同意書（產權狀態以申請當日為準）
- 切結書
- 建築線指示圖
- 無涉法定空地重複使用及畸零地檢討
- 重建計畫

註 3：新建建築物起造人應自核准重建之次日起 180 日內申請建造執照，屆期未申請者，原核准重建計畫失其效力。但經市府都市更新處同意者，得延長一次，延長時間以 180 日為限。

Q57 危老重建有哪些容積獎勵？

能推動政策最有利的方法就是獎勵，由於政府的積極推動，對危老重建撒下了多樣的開發獎勵，其中最讓人心動的就是容積獎勵的比例，政府給予危老重建更多的容積獎勵，容積率的增加使土地可以蓋更多、更大的建築空間，接下來我們就來看看政府為了危老重建提供了哪些容積獎勵，多方了解，找出最適合你的老屋重建獎勵吧。

s 危老建築各種容積獎勵

符合危老條例適用範圍者的獎勵

並不是只要符合危老重建，即擁有 40% 的容積獎勵，這是獎勵的上限，實務上在執行個案時，須比照《都市危險及老舊建築物建築容積獎勵辦法》第 4 條之規定，凡重建計畫範圍內原建築基地符合危老條例第 3 條第 1 項各款之容積獎勵額度，將給予下列獎勵：

1. 第一款：基準容積百分之十。
2. 第二款：基準容積百分之八。
3. 第三款：基準容積百分之六。

前項各款容積獎勵額度不得重複申請。

建築基地退縮者的容積獎勵

如果面臨計畫道路及現有巷道，建築基地基本上都須往後退縮，退縮部分不是淨空就是設置無遮蔽的人行步道，以免擋住用路人之通行，容積獎勵辦法第 5 條則是關於如果遇到建築基地退縮的情況，實施者可取得的容積獎勵額度，規定如下：

1. 建築基地自計畫道路及現有巷道退縮淨寬四公尺以上建築，退縮部分以淨空設計及設置無遮簷人行步道，且與鄰地境界線距離淨寬不得小於二公尺並以淨空設計：基準容積百分之十。

2. 建築基地自計畫道路及現有巷道退縮淨寬二公尺以上建築，退縮部分以淨空設計及設置無遮簷人行步道，且與鄰地境界線距離淨寬不得小於二公尺並以淨空設計：基準容積百分之八。

前項各款容積獎勵額度不得重複申請。

耐震設計者的容積獎勵

危老條例本就是針對結構安全有疑慮的老屋、危屋鼓勵屋主重建翻新所推動的一項政策，所以重建的房子應當要更堅固，讓住戶能住得安心、住得安全，而評鑑房子是否穩固的其中一項指標就是建築物的耐震程度，為鼓勵民眾在建蓋房子時能把耐震設計考慮進去，政府也有相關的容積獎勵額度，容積獎勵辦法第 6 條規定如下：

1. 取得耐震設計標章：基準容積百分之十。
2. 依住宅性能評估實施辦法辦理新建住宅性能評估之結構安全性能者：
   (1)第一級：基準容積百分之六。
   (2)第二級：基準容積百分之四。
   (3)第三級：基準容積百分之二。
   前項各款容積獎勵額度不得重複申請。

綠建築設計者的容積獎勵

　　環境的永續發展是每個政府都要考慮的議題，如何在不耗盡自然資源的情況下，謀求人類與國家更大的進步空間，一直都在考驗執政者的智慧，然而不可否認的是，朝著與自然共存的方向前進才是唯一的解決之道，為鼓勵民眾在危老重建時能考慮採用綠色建築、達節能減碳之效，容積獎勵辦法第7條有針對取得候選等級綠建築證書之容積獎勵額度，規定如下：

1. 鑽石級：基準容積百分之十。
2. 黃金級：基準容積百分之八。
3. 銀級：基準容積百分之六。
4. 銅級：基準容積百分之四。
5. 合格級：基準容積百分之二。

智慧建築設計者的容積獎勵

　　內政部為推廣智慧化的居住空間概念，致力於國內智慧建築之發展，智慧建築可以接軌國際城市或智慧綠建築，作法就

是在建築物中導入綠建築設計與智慧型高科技技術、材料及產品應用，使建築物更安全、健康、便利，容積獎勵辦法第 8 條有取得候選等級智慧建築證書之容積獎勵額度，規定如下：

1. 鑽石級：基準容積百分之十。
2. 黃金級：基準容積百分之八。
3. 銀級：基準容積百分之六。
4. 銅級：基準容積百分之四。
5. 合格級：基準容積百分之二。

無障礙環境設計者的容積獎勵

現在是講求人人平等的社會，但也要體諒弱勢的族群，為了照顧行動不便的人，在外跟在家一樣也能暢行無阻，至少不要窒礙難行，很多公共空間甚至大型賣場都規劃了完善的無障礙設施，容積獎勵辦法第 9 條便是對建築物無障礙環境設計之容積獎勵額度，規定如下：

1. 取得無障礙住宅建築標章：基準容積百分之五。
2. 依住宅性能評估實施辦法辦理新建住宅性能評估之無障礙環境者：

    (1)第一級：基準容積百分之四。

    (2)第二級：基準容積百分之三。

雖然政府提出多項容積獎勵，但其實並不能重複申請，所以每個危老建案都需要個別評估要申請哪些獎勵，**也並非每個**

基地都適合所有的獎勵，假如基地面積不大而且新屋售價不夠高，為了取得耐震標章或是綠建築標章，可能就不符合經濟效益。

$ 危老重建獎勵適用規模

危老條例第 6 條第 3 項：「依第 3 條第 2 項合併之建築物基地或土地，超過 1,000 平方公尺部分，不適用前二項規定。」意思是說，依第 3 條第 2 項合併鄰接之建築物基地或土地，適用第 1 項至第 3 項建築容積獎勵規定時，其面積不得超過第 3 條第 1 項之建築物基地面積，且最高以一千平方公尺為限。

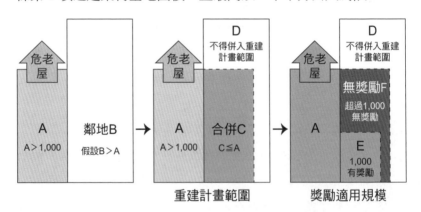

圖 6-5　獎勵適用規模示意圖

假設原本的危老屋 A 有 1,600 平方公尺，鄰地 B 有 2,000 平方公尺（如左圖），只有 C 是可併入重建計畫內的土地（如中圖），依據 1：1 的原則，則 C 的面積有 1,600 平方公尺，為重建計畫範圍。

　　從右圖可知，C＝E＋F，E 是有容積率獎勵的部分，面積為 1,000 平方公尺。F 雖然列入重建計畫範圍內，但是無容積獎勵，面積為 600 平方公尺，而 D 則是無列入重建計畫範圍內，面積為 2000 － 1000 － 600 ＝ 400 平方公尺。

 如何取得危老重建獎勵？

在了解危老重建那麼多的容積獎勵後，想必你心中已有定見，決定哪些獎勵最適合自己了，那麼剩下的問題就是，該如何取得這些重建獎勵呢？想要拿到危老重建的最大獎勵，也得按政府規定的流程走才行，以下是一般流程和進行危老重建流程的步驟對照：

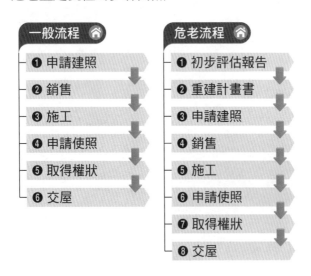

圖 6-6　一般流程與危老重建流程

🏠 危老重建流程

　　前面已提過，初步評估報告書非常重要，決定了你是否可以申請危老重建。如果符合，那申請人就要擬具重建計畫書，以新北市危老條例重建計畫書範本為例，需檢附文件包含：

1. 申請書
2. 符合危老條例第 3 條第 1 項及各款之一所定之證明文件或第 3 項所定未完成重建之危險建築物證明書
3. 重建計畫範圍內全體土地及合法建築物所有權人名冊及同意書（產權狀態以申請當日為準）
4. 切結書
5. 建築線指示圖
6. 無涉法定空地重複使用及畸零地檢討
7. 重建計畫

　　這階段主要在確認個案的容積獎勵。重建計畫申請核可通過以後，依據《都市危險及老舊建築物加速重建條例施行細則》第 7 條，<u>新建建築物起造人應自「核准重建之次日」起 180 日內申請建造執照，屆期未申請者，原核准失其效力。</u>但經直轄市、縣（市）主管機關同意者，得延長一次，延長期間以 180 日為限。

🏠 建築建蔽率與建築高度的獎勵

　　危老重建案，政府對其建蔽率及建築物高度都放寬標準，只要是依照危老條例實施重建者，「其建蔽率及建築物高度得酌予放寬；其標準由直轄市、縣（市）主管機關定之。但建蔽率之放寬以住宅區之基地為限，且不得超過原建蔽率。」這樣做的目的就是讓我們可以把容積獎勵用完。

　　因為實務上來說，重建後會因為建築物的建蔽率規定，一樓的使用面積減少，導致不容易整合，加上建築物的容積率獎勵會受限建築物的高度導致無法使用完全，才會有此建築高度放寬標準的獎勵。

住宅區	建蔽率放寬 建築高度放寬	住宅區 以外	建築高度放寬

圖 6-7　住宅區與非住宅區的危老獎勵差異

🏠 使用分區查詢

　　每一塊建地都有規定容積率，所以在進行危老重建申請前，要先查清楚這塊地的容積率，想知道適用哪種容積率就要先調查土地的使用分區，住宅用、商用或是工業用區域的容積率都不一樣，這時候就可以上內政部營建署城鄉發展分署國土規劃入口網，點選下方的「全國土地使用分區資料查詢系統」，就可以開始查詢。

最新公告

1.都計案件上傳更新：臺南市政府2021-01-28擴大及變更虎頭埤特定區計畫（第二次通盤檢討）（暫予保留第2案）（部分公園用地、乙種旅館區、步道用地、道路用地為水域用地、健康休閒專用區、公園（兼供滯洪池使用）用地、廣場兼停車場用地、綠地用地、道路用地）案已於2021-03-23上傳更新

2.都計案件上傳更新：宜蘭縣政府2019-10-04變更宜蘭市都市計畫(健康休閒專用區)細部計畫書(修訂土地使用分區管制要點)案已於2021-03-18上傳更新

3.都計案件上傳更新：宜蘭縣政府2018-09-25「變更礁溪都市計畫（健康休閒專用區）細部計畫（第一次通盤檢討）」案(第二階段)已於2021-03-18上傳更新

4.都計案件上傳更新：屏東縣政府2021-01-15變更琉球風景特定區計畫（部分塩墓用地為殯葬設施用地）案已於2021-03-17上傳更新

5.都計案件上傳更新：宜蘭縣政府2017-11-29變更大湖風景特定區計畫(第二次通盤檢討)案已於2021-03-17上傳更新

國土規劃地理資訊圖台

本圖台提供國土規劃地理資訊圖台功能，民眾不需登入可查詢都市計畫、非都市土地、國家公園、各項環境敏感地區圖資、各項災害潛勢及防救災圖資。圖台功能包括：切換各種底圖、查詢圖資屬性、製作統計地圖、統計分區面積、上傳本機圖層、瀏覽街景、GPS定位及列印等，可用於瞭解全國土地使用現況及各區域環境敏感、災害潛勢套疊情形。

前往國土規劃圖台

全國土地使用分區資料查詢系統

本系統提供各界查詢全國土地使用分區資料，包括都市計畫、非都市土地及國家公園使用分區。系統功能包括：行政區、道路、門牌、地號查詢定位、土地使用分區面積統計、歷次計畫案查詢、距離面積量測、底圖切換等輔助功能，為唯一可於單一網站查詢全國土地使用分區圖資之系統。

前往分區查詢系統

圖 6-8　國土規劃入口網首頁

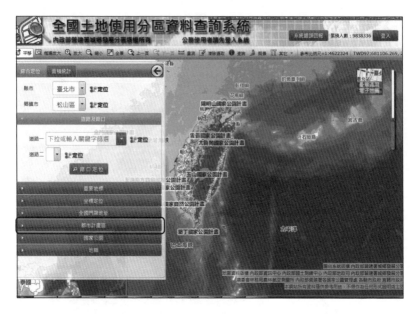

圖 6-9　全國土地使用分區資料查詢系統頁面

　　點開頁面左上方的「系統功能」，叫出查詢功能選單（如上圖），再點進「都市計畫區」。輸入查詢縣市與道路後，點擊旁邊的定位，地圖就會拉近至指定位置。

圖 6-10　查詢使用分區

　　點擊上方功能列的「查詢」後,用滑鼠點擊地圖任一位置,就能打開查看該地點的使用分區,如再進入各縣市的都市計畫查詢系統,就可知道容積率。

Q 59 除了容積獎勵和租稅優惠，還有其他補助嗎？

除了建蔽率、容積率的獎勵、稅賦的優惠之外，為了落實危險與老舊的建築物加速重建，增進民眾住的安全，國家針對危老重建，特別指示各地方機關應輔導和提供許多補助的方法，如果有計劃要進行危老重建的人，只要條件符合，絕對要好好把握這些優惠才行。

💲 融資貸款的信用保證

融資貸款信用保證適用對象

從目前危老重建的實務經驗來說，由民眾或原先舊社區、經濟弱勢族群發起的危老重建專案，大多會遇到資金不足、需要貸款的問題，所以政府便明定了協助的配套措施。

危老條例第 10 條就提到主管機關得就重建計畫給予補助，並就下列情況提供民眾重建工程必要的融資貸款信用保證：

1. 經直轄市、縣（市）主管機關依前條第一項規定輔導協助，評估其必要資金之取得有困難者。

2. 以自然人為起造人，無營利事業機構協助取得必要資金，經直轄市、縣（市）主管機關認定者。

3. 經直轄市、縣（市）主管機關評估後應優先推動重建之地區。

前項直轄市、縣（市）主管機關所需之經費，中央主管機關應予以補助。

融資貸款銀行

針對危老重建的貸款銀行也有相關規定，危老條例第 10-1 條述及：「商業銀行為提供參與重建計畫之土地及合法建築物所有權人或起造人籌措經主管機關核准之重建計畫所需資金而辦理之放款，得不受銀行法第七十二條之二之限制。金融主管機關於必要時，得規定商業銀行辦理前項放款之最高額度。」

實務上，目前就有許多銀行如土地銀行、合作金庫、華南銀行等承做危老貸款，**貸款最高上限以重建後的市價 7 成貸款**。

主要貸款項目

此種危老重建專案貸款依實際所需時間核定，最長 5 年，主要針對項目有：

1. 建築融資
2. 重建週轉金費用
3. 合建保證金
4. 代償既有債務

要注意的是，部分銀行針對危老重建貸款有條文明定，重建計畫範圍內之土地及合法建物應全部辦理信託移轉登記予該銀行，所以在進行貸款的時候要仔細閱讀貸款條件。

$ 輔導＋補貼，保障弱勢族群

　　政府除了輔導重建外，還要就重建計畫之相關法令、融資管道與工程技術等方面提供協助。危老條例第9條第1項就有規定：「直轄市、縣（市）主管機關應輔導第三條第一項第一款之合法建築物重建，就重建計畫涉及之相關法令、融資管道及工程技術事項提供協助。」

　　重建期間住戶也可能面臨到另尋租屋處等問題所衍生出的開銷，只要重建戶是弱勢族群，政府也會提供社會住宅或租金補貼等協助。危老條例第9條第2項：「重建計畫範圍內有居住事實且符合住宅法第四條第二項之經濟或社會弱勢者，直轄市、縣（市）主管機關應依住宅法規定<u>提供社會住宅或租金補貼</u>等協助。」

　　看到這裡，想必大家應該對危老這個議題有了較全面的認識了，如果符合危老條件，就務必把握這大好的重建商機，除了能將危險建物重建讓自己住得更安全，也可以使自己的資產增值，更可以促使經濟繁榮，達成住戶、廠商及國家三贏的局面。

Appendix

附　錄

- ◆ 作者專利：房地產投資利潤自動分析系統
- ◆ 林宏澔教授在全台開設的房地產課程介紹
- ◆ 專業認證

Investment in
Real Estate

附錄 ① 作者專利：房地產投資利潤
自動分析系統

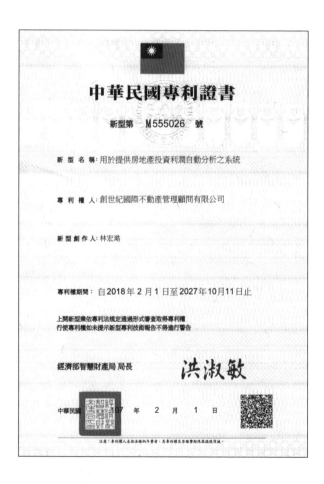

中華民國專利證書

新型第 M555026 號

新 型 名 稱：用於提供房地產投資利潤自動分析之系統

專 利 權 人：創世紀國際不動產管理顧問有限公司

新 型 創 作 人：林宏澔

專利權期間：自2018年2月1日至2027年10月11日止

上開新型業依專利法規定通過形式審查取得專利權
行使專利權如未提示新型專利技術報告不得進行警告

經濟部智慧財產局 局長　　　洪淑敏

中華民國　107　年　2　月　1　日

注意：專利權人未依法繳納年費者，其專利權自原繳費期限屆滿後消滅。

專業的土地投資利潤分析系統

本產品獲中華民國專利證書新型專利第「M555026」！
專利名稱：房地產投資利潤自動分析之系統
創作人：林宏澔
專利期間：2018/2/01 至 2027/10/11

　　只要在系統中輸入土地基本資料，如土地面積、建蔽率、獎勵容積率、施工成本、法定汽車停車位、廣告銷售比率……即可幫您計算出銷售面積、銷售收入、總成本、總利潤及股東權益報酬率、現金流量、IRR、財務分析、NPV 財務分析、敏感性財務分析等等，讓您快速掌握土地商機。搭配創世紀不動產教育訓練中心課程，完美學習使用。

　　欲購買此系統，請洽 (02)2758-6028 或掃描右圖上網訂購。

房地產投資利潤自動分析系統

| 台北市 | 大安 | 3 | 1 |

銷售面積分析

可建容積計算

| 基準容積
3,000.00 平方公尺 | 獎勵容積
300.00 平方公尺 | 可建總容積
3,300.00 平方公尺 |

銷售面積分析

機電設備空間 495.00 平方公尺	地上樓地版面積 3,994.74 平方公尺	總陽台面積 399.47 平方公尺	總梯廳面積 199.74 平方公尺
屋頂突出物面積 84.38 平方公尺	地上興建面積 4,478.59 平方公尺 1,354.77 坪		
法定汽車停車數 24 部	法定汽車停車面積 960.00 平方公尺 290.40 坪	法定機車停車數 35 部	法定機車停車面積 140.00 平方公尺 42.35 坪
地下室開挖面積 1,100.00 平方公尺 332.75 坪			

銷售收入分析

房屋銷售金額

銷售面積分析結果

房地產投資利潤自動分析系統

成本分析

土地成本

| 總坪數
302.50 坪 | 單價
250 萬 | 總價
75,625 萬 |

建築成本

| 總坪數
1,687.52 坪 | 單價
15 萬 | 總價
25,313 萬 |

| 設計費 | 土地增值稅 | 土地融資利息 | 建物融資利息 |
| 總價
886 萬 | 總價
120 萬 | 總價
4,538 萬 | 總價
380 萬 |

| 廣銷費用 | 小計 |
| 總價
7,635 萬 | 總價
114,496 萬 |

利潤分析

| 利潤
38,202 萬 | 投資報酬率
25% |

簡化財務分析

成本分析結果

附錄 **2** 林宏澔教授在全台開設的房地產課程介紹

自地自建自售實戰——房地產經營管理師

◎建商如何快速評估建地

　1. 如何避免買到不能建築的建築用地

　2. 基地上有現有巷道如何處理？

　3. 學會如何調查都市計畫書圖／土地使用分區

　4. 學會如何用三公式 10 秒評估建地

　5. 你不可不知的看地十大重點

◎預售屋代銷實戰

　1. 代銷公司如何向建商提案簡報？

　2. 代銷公司接案合約書暗藏哪些風險？

　3. 產品規劃大坪數 or 小坪數？

　4. 如何運用 STP 程序明確產品定位？

　5. 何謂包銷？純企劃？包櫃？

　6. 各戶表價、底價如何訂定？

　7. 如何打造有吸引力的接待中心？

　8. 如何完成 45 項銷售籌備工作？

　9. 如何編列媒體、接待中心、企劃及人員薪獎預算？

10. 13 種定價策略大公開

11. 如何一公開建案即完銷？

12. 報紙稿、戶外定點、派報如何做精準行銷？

13. 如何運用 FB、IG、LINE 新媒體行銷建築？

14. 醞釀期及強銷期廣告策略有何不同？

15. 如何運用感官式文宣行銷建案？

16. 建案如何命名？LOGO 如何設計？

17. 預定買賣契約書如何製作？

18. 客戶讀心術：如何判斷客戶是否會成交？

◎成立住戶大會及公設點交

1. 如何簽訂無糾紛的二次施工合約書？

2. 如何在取得使用執照後 35 天撥款交屋？

3. 客戶對保時一定要注意的 3 個重點！

4. 客戶交屋時對屋況不滿意如何處理？

5. 公寓大廈管理條例規定何時需召開住戶大會？

6. 住戶大會一定要通過的兩個重大事項！

7. 公共設施如何快速點交給管理委員會？

危老都更顧問師

◎如何掌握危老屋投資重建商機

　　1. 我家的房子算是危老屋嗎？

　　2. 危老屋有哪四大優惠措施？

　　3. 你知道危老屋屋主可以不用自備款重建嗎？

　　4. 如何投資危老屋？

◎與建商合建，我可以分到多少坪數？

　　1. 如何透過合建創造建商數億利潤？

　　2.「合建分屋、合建分售、合建分成」的差異？

　　3. 合建中地主過世或是遭到債權人查封如何處理？

　　4. 合建中，地主 vs. 建商如何計算分配比例及售價？

◎我家可以都更嗎？

　　1. 一般劃定、策略性劃定與自行劃定的差異？

　　2. 都市更新計畫與都市更新事業計畫有何不同？

　　3. 何謂法定容積，獎勵容積與公益設施獎勵的差異？

　　4. 危老合建與都市更新有何不同？

◎我家房子有多少價值？

　　1. 房地產投資報酬率如何計算？

　　2. 如何使用市場比較法評估房價？

　　3. 如何使用收益還原法評估房價？

　　4. 何謂成本法？

Investment in
Real Estate

🏠 土地開發分析師

◎土地如何投標？如何決定投標價格？

　　1.如何看懂國產署及政府公告投標土地？

　　2.房屋仲介人員如何成交土地獲利千萬？

　　3.地上權、使用權有哪些風險？

　　4.基地中有既成道路如何處理？

　　5.勘查土地現況一定要了解的十大重點！

◎土地節稅祕笈大公開

　　1.房屋交易所得稅如何節稅？

　　2.房地合一稅如何節稅？

　　3.地價稅如何節稅？

　　4.土地增值稅如何節稅？

　　5.房屋稅如何節稅？

◎土地開發可行性評估？

　　1.如何運用容積移轉創造土地價值？

　　2.建築技術規則對土地興建坪效的規定

　　3.如何計算土地投資股東權益報酬率？

　　4.如何看懂土地投資中的 NPV 及 IRR 分析？

　　5.房屋仲介業如何撰寫土地投資簡報成交土地？

台北、台中、雲嘉、台南、高雄、宜蘭、花蓮，均有開課，
詳情請上官網 www.twret.com 查詢！

附錄 **3**　專業認證

東吳大學　聘書

Soochow University

東人教字第 0912№ 號

茲　敦　聘

林宏澔先生為本大學兼任助理教授級專業技術人員

聘期自 109 年 8 月 1 日起至 110 年 7 月 31 日止

此　聘

校　長　潘維大

中華民國 109 年 6 月

This is to appoint Mr. LIN, HUNG-HAO as Adjunct Professional Specialist, Assistant Professor Level with Soochow University, effective from 1 August 2020 to 31 July 2021.

June 2020

Wei-Ta Pan
President

東吳大學聘書

逢甲大學聘書

中華民國不動產經營管理協會理事長證書

逢甲大學土地管理學系系友會理事長證書

臺北市人民團體負責人當選證明書

（108）北市社團證字第　1454　號

姓　　名：林　宏　澔

出生日期：民國　　年 5 月 29 日

團體名稱：台北市建築經營管理協會

當選職務：第 2 屆　理事長

任　　期：自民國 108 年 7 月 26 日

　　　　　至民國 111 年 7 月 25 日

臺北市政府
社會局局長　陳雪慧

中　華　民　國　　108　年　8　月　　日

台北市建築經營管理協會理事長證書

國家圖書館出版品預行編目資料

賺大錢靠土地 / 林宏澔 著 . -- 五版十刷 . -- 新
北市 : 創見文化出版, 采舍國際有限公司發行,
2021.06 面; 公分（優智庫 ; 70）
ISBN 978-986-97636-5-3（平裝）
1. 不動產業 2. 投資
554.89 110005182

優智庫 70

賺大錢靠土地（暢銷增訂版）

出 版 者▶ 魔法講盟 創見文化
作　　者▶ 林宏澔
總 編 輯▶ 歐綾纖
文字編輯▶ Dorae
美術設計▶ 陳君鳳

免責聲明

每筆土地因面積、位置、形狀、面臨道路
及適用法令不同，故投資土地之前，仍然
需要讓專業人士再次確認興建面積。本書
僅為購地參考，投資者仍需自負盈虧與風
險，與作者和出版社無涉。

圖片引用聲明

本書部分圖片來自 Freepik 網站。

郵撥帳號 ▶ 50017206 采舍國際有限公司（郵撥購買，請另付一成郵資）
台灣出版中心▶新北市中和區中山路 2 段 366 巷 10 號 10 樓
電　　話▶（02）2248-7896　　　傳　　真▶（02）2248-7758
I S B N ▶ 978-986-97636-5-3
出版日期 ▶ 2022 年 3 月 五版十刷

全球華文市場總代理 ▶采舍國際有限公司
地　　址▶新北市中和區中山路 2 段 366 巷 10 號 3 樓
電　　話▶（02）8245-8786　　　傳　　真▶（02）8245-8718

新絲路網路書店
地　　址▶新北市中和區中山路 2 段 366 巷 10 號 10 樓
電　　話▶（02）8245-9896
網　　址▶www.silkbook.com